メディア・リテラシー教育

ソーシャルメディア時代の実践と学び

Practices and Learning in the Social Media Age

Communication

Instructional Design

中橋　雄 編著
Yu Nakahashi

Information and Communication Technology

Theory of Media Education

北樹出版

まえがき

　メディア・リテラシーという能力がどのようなものなのかについては諸説あるが、本書においては、「(1) メディアの意味と特性を理解した上で、(2) 受け手として情報を読み解き、(3) 送り手として情報を表現・発信するとともに、(4) メディアのあり方を考え、行動していくことができる能力（中橋　2014）」という定義のもとで議論を進めることにする。この定義は、能動的に社会に関わり、その開発に貢献していくことができる社会的コミュニケーション能力としてメディア・リテラシーを捉えている。

　リテラシーとは、属する社会において生活する上で不可欠とされる能力のことを意味する。以前は、属する社会で生活するために最低限必要とされる文字の読み書き、つまり識字の能力として捉えられていたが、現在では求められる能力の範囲が広がっている。例えば、文字だけでなく映像や音声に関わる読み書き能力やコンピュータを活用する能力などにまで対象が広がっている。また、属する社会を開発・発展させるために活かされる能力といった目的の広がりが示されることもある。さらに、情報内容の背景にある社会的、文化的な意味を踏まえ解釈する能力や、社会的なシステムの構造を組み換えたり、新しく生み出したりできる能力などが重視されることもある。

　特に、近年、スマートフォンやタブレットなどの普及は目覚ましく、人々の社会的な営み、ライフスタイルや価値観を変化させている。また、そうした機器で利用が促進されることになったソーシャルメディアの普及によって、既存のメディアのあり様も大きく変化している。そのため、これまでに取り組まれてきたメディア・リテラシー研究の蓄積を活かしながら、時代の変化に対応したメディア・リテラシーとその教育のあり方について検討することが、喫緊の研究課題となっている。

　ソーシャルメディアは、ユーザー同士の相互作用によってメディアが生成される特性をもつ。ソーシャルメディアの特性を踏まえたメディア・リテラシー

を育むために、どのような教育実践を行っていく必要があるのか。そうした教育を実現するための学習環境や教材とは、教師教育のあり方とは、どのようなものなのか。こうした問いを解明していくことが求められている。

　本書における「ソーシャルメディア時代のメディア・リテラシー」とは、「ソーシャルメディアに関するリテラシー」という範囲に限定されるものではない。ソーシャルメディアが普及したこの時代におけるすべてのメディアを対象として「メディアの意味と特性を理解した上で、受け手として情報を読み解き、送り手として情報を表現・発信するとともに、メディアのあり方を考え、行動していくことができる能力」のことを意味している。中橋（2014）は、ソーシャルメディア時代のメディア・リテラシーの構成要素を表0-1のように整理している。

表 0-1　ソーシャルメディア時代のメディア・リテラシーの構成要素（中橋　2014）

（1）メディアを使いこなす能力 　a．情報装置の機能や特性を理解できる。 　b．情報装置を操作することができる。 　c．目的に応じた情報装置の使い分けや組み合わせができる。
（2）メディアの特性を理解する能力 　a．社会・文化・政治・経済などとメディアとの関係を理解できる。 　b．情報内容が送り手の意図によって構成されることを理解できる。 　c．メディアが人の現実の認識や価値観を形成していることを理解できる。
（3）メディアを読解、解釈、鑑賞する能力 　a．語彙・文法・表現技法などの記号体系を理解できる。 　b．記号体系を用いて情報内容を理解することができる。 　c．情報内容から背景にあることを読み取り、想像力を働かせて解釈、鑑賞できる。
（4）メディアを批判的に捉える能力 　a．情報内容の信憑性を判断することができる。 　b．「現実」を伝えるメディアも作られた「イメージ」だと捉えることができる。 　c．自分の価値観に囚われず送り手の意図・思想・立場を捉えることができる。
（5）考えをメディアで表現する能力 　a．相手や目的を意識し、情報手段・表現技法を駆使した表現ができる。 　b．他者の考えを受け入れつつ、自分の考えや新しい文化を創出できる。 　c．多様な価値観が存在する社会において送り手となる責任・倫理を理解できる。
（6）メディアによる対話とコミュニケーション能力 　a．相手の解釈によって、自分の意図がそのまま伝わらないことを理解できる。 　b．相手の反応に応じた情報の発信ができる。

c. 相手との関係性を深めるコミュニケーションを図ることができる。

（7）メディアのあり方を提案する能力
　　a. 新しい情報装置の使い方や情報装置そのものを生み出すことができる。
　　b. コミュニティにおける取り決めやルールを提案することができる。
　　c. メディアのあり方を評価し、調整していくことができる。

　本書は、このような能力の育成に関する研究に従事してきた研究者・実践者の研究成果をまとめた論文によって構成されている。それぞれの章では、大別すると「教育内容」「教育方法」「授業設計」「学習環境」「教師教育」といった観点から、ソーシャルメディア時代のメディア・リテラシー教育について論じられている。

　まずは、すべての章に関わる基礎となる「教育内容」について整理しておく必要があるだろう。ソーシャルメディア時代のメディア・リテラシーとは何か、それを育むための教育とはどのようなものかということについて、1章で明らかにする。

　次に、そのような教育を実現させる「教育方法」について検討する必要がある。2章では構成主義に関する理論の蓄積、3章ではインストラクショナルデザインに関する理論の蓄積に基づいて、どのように教育する必要があるのか、どのように教育してはいけないのかについて考える。

　その上で、具体的な「授業設計」のあり方について、実践事例に基づき提案する。研究開発学校でのカリキュラム開発の取り組みを4章で、メディア表現学習を従来のカリキュラムに位置づけた実践事例を5章で紹介し、理解を深める。

　さらに、教育実践を行う際の「学習環境」について考える。6章では、ICT（Information and Communication Technology）環境がメディア・リテラシー教育にどのように寄与するかということについて論じている。7章では、問題を作ることで学ぶことを支援するデジタル教材の開発過程を紹介する。

　最後に、ソーシャルメディア時代のメディア・リテラシー教育を実践する教師を育てる「教師教育」のあり方について取り扱う。8章では、教員養成課程を持つ大学においてどのような教育が求められるか、9章では、現職の教師を

育てることについて論じる。

　本書は、「メディア・リテラシー教育を研究する大学生・大学院生」および「教職課程をもつ大学に所属する大学生・大学院生」を主たる読者として想定している。例えば、大学の講義科目「メディア・リテラシー論」「メディア教育論」などの教科書として用いることができると考えている。ただし、本書で取り扱う内容は現代社会を生きる上で有用な知見となりうるものであり、広くは大学生全般および一般の社会人が教養として、その理解を深めることができるものと考えている。なお、本書は、先に北樹出版より出版されている『メディア・リテラシー論──ソーシャルメディア時代のメディア教育（著者：中橋　雄、2014年出版）』の続編にあたるものである。あわせて読んでいただけると、さらに理解を深めることができると考えている。

　本書を刊行するにあたり、北樹出版の福田千晶さんにお世話になった。ここにお礼の気持ちを申し上げたい。なお、本書で取り上げられている研究の一部はJSPS科研費25282062の助成を受けて行われた。また、本書の出版においては、武蔵大学出版助成の支援を受けた。ここに感謝の意を表する。

　　　　　　　　2016年12月　　　　　　　　　　　　　　　　　中橋　　雄

【参考文献】

中橋　雄（2014）『メディア・リテラシー論──ソーシャルメディア時代のメディア教育』
　　北樹出版

目　　次

第1章　ソーシャルメディア時代のメディア・リテラシー教育 ………… *12*

  1.　なぜソーシャルメディアを学ぶのか　*12*

  2.　SNS の何を学ぶのか　*16*

  3.　無料通話アプリの何を学ぶのか　*18*

  4.　動画共有サイトの何を学ぶのか　*20*

  5.　ニュースサイトの何を学ぶのか　*22*

  6.　キュレーションサイトの何を学ぶのか　*25*

  7.　メディアのあり方を提案できる能力を育むために　*27*

第2章　構成主義の視座からメディア・リテラシーを捉える ………… *30*

  1.　当たり前を疑う　*30*

  2.　学校教育と実証主義　*31*

  3.　学校教育の行き詰まり　*34*

  4.　言語ゲーム　*36*

  5.　分かちもたれた知識　*38*

  6.　構成主義とメディア・リテラシー教育　*41*

  7.　メディア・リテラシー教育の新しい地平　*49*

第3章　ID 理論とメディア・リテラシー ……………………………… *52*

  1.　ソーシャルメディア時代以前の「メディア論」実践　*52*

  2.　インストラクショナルデザイン理論が目指す効果・効率・魅力　*55*

  3.　高次の学習目標に合致した評価方法を採用すること　*58*

  4.　学習目標に合致した授業方法を採用すること　*61*

  5.　ソーシャルメディア時代における「メディア論」改訂案　*65*

第4章　新教科としてのメディア・リテラシー教育 ………………… *70*

  1.　新教科における子どもの学びの姿　*70*

  2.　次代を担う子どもにつけたい力　*71*

3. カリキュラム開発の概要　*72*

4. メディア形態の分類　*76*

5. 開発したカリキュラムの実践事例　*78*

6. カリキュラム開発の成果　*86*

第5章　既存の教科におけるメディア・リテラシー教育 ……………… *88*

1. 初等教育におけるメディア表現学習　*88*

2. 写真の特性について学ぶ事例　*94*

3. CM の特性について学ぶ事例　*96*

4. SNS の特性について学ぶ事例　*98*

5. 初等教育におけるメディア表現学習から見えてくるこれから　*100*

第6章　ICT 教育環境とメディア・リテラシー ……………………… *104*

1. テレビにおける学校放送やそれを取り巻く ICT 環境　*104*

2. インターネットの教育利用　*106*

3. 一斉指導での ICT 活用：主に教師が提示用に活用する ICT　*109*

4. 一斉指導から協働・個別学習場面へ：主に児童生徒が学習用に活用する ICT　*112*

第7章　問題設定を行うメディア・リテラシー教育用教材 ………… *121*

1. メディア・リテラシー教育用教材として何が必要なのか　*121*

2. デジタル教材の開発をするにあたり　*123*

3. 実際の開発環境と開発技術　*125*

4. デジタル教材の開発ポイント　*126*

5. 学習形式と構成をデザインする　*128*

6. 実際にシステム構築をしてパイット版を作成する　*130*

7. インターフェースデザインを考える　*131*

8. 実際に運用するために　*132*

9. ユニバーサルデザイン化と教師の介在　*135*

第8章　メディア・リテラシー教育を実現させる教員養成 ………… *139*

1. 教職科目をもつ大学の教育プログラム　*139*

2. 高等教育における教育内容と方法　*141*

3. AR コンテンツを制作する実践事例　*144*

4. 制作する際の課題解決場面と教員の手立て　*148*

5. メディア・リテラシー教育を実践できる教員養成の授業デザイン　*154*

第9章　メディア・リテラシー教育に関する教師教育 ……………………… *157*

1. メディア・リテラシーを「教える」ために　*157*

2. メディア・リテラシーを「教える」ことの難しさ　*157*

3. 日本のメディア・リテラシー教育　*158*

4. カナダのメディア・リテラシー教育　*160*

5. 教師の授業力量からみたメディア・リテラシー教育　*161*

6. メディア・リテラシー教育の実践研究　*163*

7. 今後の展望　*172*

メディア・リテラシー教育

ソーシャルメディア時代の実践と学び

Chapter 01

ソーシャルメディア時代の
メディア・リテラシー教育

1. なぜソーシャルメディアを学ぶのか

　メディア・リテラシーが必要とされる理由は、時代背景や地域の状況によって異なる。例えば、イギリスでは、「文芸評論家による大衆文化批判」にはじまり、「大衆文化の価値も認めた上でメディアを研究しようとする文化研究」に発展する流れを経て、メディア・リテラシーに関する研究や教育が行われるようになっていった。また、カナダのオンタリオ州では、隣国アメリカから流入する暴力的・商業的なメディアから自国の文化を守る抵抗力としてメディア・リテラシーが必要だとされた（菅谷　2000）。

　メディア・リテラシーは、いくつかの能力が組み合わさって発揮される複合的な能力である。時代背景、文化的背景、立場などによって複合的な能力のどの部分が強調されるかも変わる。また、状況によって新しい能力が加わり概念が拡張されることもある。その時代において求められるメディア・リテラシーとはどのようなものかということについては、常に問い直していくことが重要である。

　例えば、メディア・リテラシーの研究について理論化を進めたマスターマン（1985）は、「なぜメディアを教えるのか」ということに関して、「1　メディアの遍在」「2　メディアの影響」「3　情報の生産と管理」「4　メディア・リテラシー教育と民主主義」「5　視覚的コミュニケーションと視覚情報の重要性の深化」「6　未来に向けた教育」「7　情報の民営化の進展」といった理由を挙げている（Masterman　1985）。これらは、現代社会におけるメディア・リテラシーについて考える上でも引き続き重要な問題意識であるといえる。その一方、現代

社会のメディア環境が、当時と異なることを考えるならば、メディア・リテラシーの研究と教育が対象とする範囲も拡張していかざるを得ないと考えられる。

　今日のメディア・リテラシーが対象とする範囲は、情報産業としてのマスメディアが従事しているマスコミュニケーションのみを対象とした能力に限るものではない。手紙や電話のように相手が特定されたパーソナルコミュニケーションも含まれる。また、マスメディアとしてもパーソナルメディアとしても活用されているインターネットで展開されるサービスにみられるような、不特定多数の人と関係性を築くことができるネットワーク型のコミュニケーションも含まれる。近年、ネットワーク型コミュニケーションの中でも、特に個の情報発信を主体としつつも個人間のつながりを作り、可視化し、社会的な相互作用によって形づくられていくメディアとして「ソーシャルメディア」という言葉が使われるようになった。その具体例としては、SNS (Social Networking Service)、ミニブログ、動画共有サイト、口コミサイトなどを挙げることができる。こうした仕組みは、システムとしてそれぞれ独自の機能をもち、それを活かしたサービスが提供され、既存のメディアと連携したり、差別化したりしながらコミュニケーションの場を生成している。そのような場において人と人とが関わり、小さな社会・コミュニティがいくつも生み出され、独自の文化や価値観が形成されていく。人々は、ソーシャルメディアを通じて、これまで以上に多様な社会に複数属して社会生活を営んでいる。現代社会は、このようなソーシャルメディア時代にあるといえる。

　ソーシャルメディアというと、Facebook のような SNS や Twitter のようなミニブログ、あるいは、LINE のようなグループ機能をもつメッセージサービスなどがイメージされるかもしれないが、動画共有サイトやニュースサイトなどにもソーシャルメディアといえる要素がある。それは、面識のない人々が関わり相互作用する場として成立させるための機能と、そこに参加する人々の存在である。例えば、その機能として、コメント欄や、Good-Bad の評価をするボタンがついている。また、運営する人、動画を公開する人、コメントする人、コメントを評価する人などがいて、人と人との関わりが生じる。ページやサイ

第 1 節　なぜソーシャルメディアを学ぶのか

トが、ユーザーの相互作用によって生成されていく要素をもっているため、ソーシャルメディアであると考えることができる。動画共有サイトは、テレビのように映像作品を視聴することができる。また、ニュースサイトは、新聞のように記事を閲覧できる。既存のメディアに似たものではあるが、制作の過程・収益の構造・ユーザーとの相互作用のあり方など、テレビにはテレビ、新聞には新聞なりのメディアの特性があり、動画共有サイトやニュースサイトは、それらとはまた異なる特性をもっている。

　総務省（2015）の平成 26 年通信利用動向調査によれば、インターネット利用者のうち、ソーシャルメディア（mixi、Facebook、GREE、Mobage、Twitter、LINE など複数の人とインターネットでやりとりできる情報サービス）の利用者の割合は44.1% であった。その中でも 6 ～ 12 歳の 16.7%、13 ～ 19 歳の 61.5% がソーシャルメディアを利用していると回答している。また、動画共有サイトにおいては、6 ～ 12 歳で 58.5%、13 ～ 19 歳で 68.6% というように、利用者はかなり高いといえる。多くの人が関わり、社会や文化を生み出し、望ましい方向へ発展させていくために、動画共有サイトやニュースサイトの特性について学ぶ教育を導入することには意義があると考えられる。

　ソーシャルメディアは、知の交流と創造、信頼関係の深化、文化的な価値の生成、協働的な課題解決、多様な視点の獲得、産業やビジネスの創出など、人々にとって多くのメリットをもたらす可能性がある。どのようにすれば、それが実現できるか考え、協力して行動していく能力が求められる。その一方、使い方によっては、争いや混乱、差別や格差、権力の集中や不当な行使などをもたらす危険性もある。どのようにすれば、そうした問題を回避したり、解決したりできるか考え、協力して行動していくことが求められる。そのために、ソーシャルメディアの特性について学ぶとともに、そのあり方について考えていく必要がある。

　当然のことながら、マスターマンの時代には、今日のようなかたちでソーシャルメディアは存在していなかった。ソーシャルメディアは、インターネットやスマートフォンとともに、この数年のうちに急速に普及した。ソーシャルメディ

ア上では、細分化されたコミュニティに参画する人々によって文化が生成されている。マスメディア業界、広告業界もこれらを活用し、サービスを提供している。そうした様々な要因によって、ソーシャルメディアは常に「形づくられつつあるもの」として存在している。こうした多様な立場による相互作用にも着目して、メディア・リテラシーに関する研究と教育を進めていく必要があるだろう。

　私たちは、メディアから得た情報を自分なりに解釈し、「現実」の出来事を認識したり、価値観を形成したりするが、そこで提供される情報は、送り手が構成したものである。1つのものの見方や価値観を提示したものであり、別の見方に気づくことができなければ、実際以上の偏りが生まれてしまうことを理解する必要がある。それを理解した上で、自分たちが属する社会や文化を形成するメディアのあり方について考え、行動していくことができる力をつける必要がある。とりわけ、ソーシャルメディアは、ユーザーがコンテンツの形成に参画していくことになるため、既存マスメディアによる文化形成よりも個々のユーザーの行動が果たす役割が相対的に大きくなると考えられる。

　このようなことから、現代社会において求められるメディア・リテラシーは、ソーシャルメディアの領域も対象としたものとして発展させる必要がある。そして、ソーシャルメディア時代のメディア・リテラシーを育むためのメディア教育における学習内容・教育方法のあり方について検討していくことは、喫緊の課題であるといえる。

　ソーシャルメディア時代とは、当然のことながら「ソーシャルメディアだけを使う時代」ということではない。様々なメディアに加えてソーシャルメディアの影響力が高まってきた時代であると捉える必要がある。そのため、従来から存在し、発展してきたメディアに関して学ぶ教育もソーシャルメディア時代のメディア・リテラシー教育に含む必要がある。そして、ソーシャルメディアの登場によって既存のメディアがどのように変化しているか、さらに、既存のメディアと異なる特性をもつソーシャルメディアが、人と人との関わり、感覚、ものの見方・考え方、価値観、ライフスタイル、文化などにどのような影響を及ぼすのか見直し、望ましいあり方を考え、調整していくことができる能力を

第1節　なぜソーシャルメディアを学ぶのか　15

身につけていくことが重要であろう。

　次節以降、ソーシャルメディアの何をどのように教え、学ぶのか、その可能性について考える。代表的なソーシャルメディアとして「SNS」「無料通話アプリ」「動画共有サイト」「ニュースサイト」「キュレーションサイト」を取り上げ、それぞれの学習内容について実践事例を挙げながら検討する。

2. SNS の何を学ぶのか

　SNS（「Facebook」「mixi」など）は、日記などの記事を写真や動画などをつけて公開したり、その記事にコメントをつけたり、「いいね！」ボタンで評価したりするなど、人と人とが関わりをもつことができる Web サイトである。自分の日記だけでなく、登録した人の記事をタイムライン上に一覧表示させることで、自分の生活の時間軸と重ね合わせ、いつごろ誰が何をしたのか閲覧することができる。こうした仕組みは、登録した人との心理的な距離を近くする要因になっていると考えられる。また、他者からの反応があった記事を優先的に見せる機能によって、人と人との関わりを目にすることが多くなり、自分もそこに関わっていこうとする気持ちを誘発する。

　SNS は、「友達申請」と「承認」のプロセスや設定によって、その公開範囲をあえて限定することができる機能をもっている。実名で登録することが条件になっているものや、「友達」関係にある人に公開範囲を限定できるものなどがあり、その分、ある程度親密な関係にあることを前提としたコミュニケーションが行われることになる。つまり、知り合いであれば、知られても構わないような日常の記録や考えを公開・交流することで関係性を深めることができる。

　システムの開発者・運営者は、使い方を想定してこうした機能を提供するが、どのようにそれを活用していくかは、ユーザー次第である。面識のある人としか友達申請を承認しない人と、知らない人からの友達申請を承認する人とでは、そこで関わる人の範囲に差ができる。いずれにしても、つながりをもっている人々の日常生活や考え方を知ることができ、その人と親しくなることができた

16　Chapter01　ソーシャルメディア時代のメディア・リテラシー教育

り、新しい発見を得ることができたりする。SNS がなければ出会うことがなかったような人や、連絡を取ることがないような人と知り合えたり、交流を継続できたりする。

　SNS を用いた人と人との関わりによってコミュニティが形成されることで、価値観の異なる人同士がつながりを作ることになる。そのため、注意しなければならないこともある。人によって文化的な背景や感じ方が異なるため、そのコミュニティにふさわしいのは、どのような内容や言葉遣いなのかということについては、他者の反応から推し量り、対話しながら決めていく必要がある。何をもってふさわしいと考えるのか、答えが1つに決まるような問題ではないため、合意形成をしていくプロセスが重要になる。

　石川県金沢市立小坂小学校では、小学校4年生を対象として、学級内に限定した SNS の活用を通じてコミュニティにふさわしい投稿内容や言葉の使い方について考える実践が行われた（実践者：山口眞希教諭）。

　学習者は、初回の授業で人を不快にする投稿をしないことなどについて学んだ後、数日間、学級内 SNS で自由に交流した。しばらくすると学習者の書き込みの中には、いくつか、人によっては不快に感じるようなものが見られるようになった。例えば、「ここにクエストっぽくやってみよー！！！！」というコメントからはじまり、冒険者と悪役のボスの戦いについてコメントをつけ合うことで表現する「クエスト」という遊びの投稿が行われるようになった。数名が参加し、「○○はニードルショットを放った。○○を倒した」など、戦いの様子がいくつも書き込まれた。それに対して参加していない学習者から「皆さんにお願いがあります。クエストするのをやめてください。クエストは、みんなに伝える物じゃないでしょう？　それに、［死ぬ］などの言葉を使うことになります。なので、クエストするのをやめてください」というように具体的な理由を付したコメントが書き込まれた。当事者からは「わかりました。これからはしません」という書き込みがなされ、「クエスト」は行われなくなった。

　こうしたやりとりを受けて、ふさわしいと感じた記事とふさわしくないと感じた記事を出し合って比較する授業が行われた。学習者は、自分は気にならな

第2節　SNS の何を学ぶのか　　17

いとしても他の人は不快な気分になっている記事があることや、他の人は気になっていないとしても自分は不快に感じる記事があることに気づいた。そして、人によって感じ方が異なることに配慮した上で、その場にふさわしい内容や言葉遣いについて、対話を通じて意識を合わせていくことの大切さを学ぶことができた。現実の場面では、こうした対話をネット上で行うことによって対立・炎上を引き起こすケースも散見される。対立を生まないような対話の仕方について授業の中で取り扱う意義は大きいと考えられる。

3. 無料通話アプリの何を学ぶのか

　無料通話アプリ（「LINE」など）は、インターネット回線を利用できるスマートフォンを想定したアプリケーション・サービスとして急速に普及した。音声通話だけでなく、文字メッセージ、写真、スタンプ（感情を表すイラスト）を送受信できる機能がある。また、送ったメッセージを相手が表示すると「既読」を通知してくれる機能や、グループを作りメッセージをメンバー全員に届ける機能も提供されている。

　人と人とが関わり、その場における文化や規範が生まれ、様々な問題が生じる。例えば、「既読スルー」される（メッセージを送り「既読」と表示されたのに返事がない）と、相手を不快にさせたのだろうかと不安になったり、無視されたと感じて怒りが生じたり、相手がどう感じているかわからない状況にストレスを感じたりする人がいる。その感じ方には個人差がある。既有知識や文化的背景が異なる人々が混在するグループにおいては、特に個々の価値観を思いやることが難しくなる。

　文字やスタンプでのコミュニケーションでは、実際の気持ちが誤解される場合もある。例えば、「なんでくるの？」という言葉は、送り手が交通手段を尋ねているつもりでも、受け手は「きてほしくない意思表示」だと受け止める可能性もある。送り手には誤解させないための表現力、受け手には文脈から意味を読み解く能力が求められる。感情を表すスタンプも、人によって感じ方が異

なる場合がある。送り手が、相手を元気づけようと送った「いないいない、ばぁ！」の表情をしたキャラクターのスタンプが、受け手の立場からすると馬鹿にされていると感じることもあるだろう。

社会生活を豊かにする便利なサービスのはずが、人を縛り、不安にさせたり、不快にさせたりする社会的な構造が生まれている。その構造の問題を改善する能力としてメディア・リテラシーが必要になる。例えば、送り手、受け手としてどのような配慮が必要となるか、共通のルールを作ることで解決できることはないか、運営サイドの仕組みで解決できることはないかなどについて考え、議論し、行動していくことが求められる。その前提として、問題の所在を把握するためにソーシャルメディアの特性を理解することも求められる。

例えば、あるスタンプを提示し、どんなメッセージだと解釈できるか、学習者から意見を出してもらう実践が考えられる。また、文章表現の誤解からけんかになってしまうストーリーを提示し、何が悪かったのか話し合うことも有効であろう。送り手として、受け手として、社会的・文化的に共有されるルールを考える実践、運営側の工夫について議論する実践などに展開していくことも考えられる。

千葉県柏市立大津ヶ丘第一小学校では、メッセージから感じ取る文化的な意味について考える実践が行われた（実践者：松瀬 穣教諭）。まず、NHK学校放送番組「スマホ・リアル・ストーリー」を視聴する（図1-1）。無料通話アプリでグループを作ってコミュニケーションを楽しんでいる小学生が、誤解を招く文章やスタンプを送ってしまったことでトラブルが生じる内容である。学習者は、どのようにすればトラブルを回避できたのか意見を出し合

図1-1 「スマホ・リアル・ストーリー」の視聴

第3節 無料通話アプリの何を学ぶのか　19

図1-2 メッセージの解釈可能性について考える
(LINE株式会社『「楽しいコミュニケーション」を考えよう！カード版　基本編』https://line.me/safety/ja/workshop.html　2015年11月24日)

う。

　その後、「おとなしいね」「個性的だね」「一生懸命だね」「まじめだね」「マイペースだね」と書かれたカードを配り、自分が嫌だと思うメッセージの順番に並べ替えさせる（図1-2）。複数の学習者に意見を聞き、人それぞれに言葉の受け止め方が異なることを学ぶ。例えば、「まじめだね」という言葉は、褒め言葉とも受け止められるし、皮肉と受け止められることもある。学習者は、言葉や文字自体が意味をもって存在しているのではなく、文化や人と人との関係性によって意味が生まれることを学んだ。そして、文脈から意味を判断したり、適切なスタンプを加えるなど、文脈が伝わるように表現を工夫したりすることの重要性について学ぶことができた（LINE株式会社『「楽しいコミュニケーション」を考えよう！カード版　基本編』https://line.me/safety/ja/workshop.html　2015年11月24日）。

4．動画共有サイトの何を学ぶのか

　動画共有サイト（YouTube、ニコニコ動画など）は、インターネットのブロードバンド化に伴い広く利用されるようになった。映像を扱うという点においてはテレビ番組と似ているが、テレビでは扱わないような動画も投稿されている。例えば、自分の歌や踊りを披露する動画、動物の面白い動作を記録した動画、購入したものを紹介する動画、自分が遊んでいるゲームの画面を実況とともに記録した動画など、様々なものがある。中には、著作権を侵害して違法にアップロードされた動画や、人によっては不快に感じる動画なども公開されている

状況がある。

　子どもたちは視聴者として動画を楽しむことができる。その際、自分に必要な動画を探し当てたり、送り手がどのような意図で発信した動画なのか読み取ったり、そこで語られていることの信憑性を判断したりする能力が必要になる。

　一方、子どもたちが制作者として動画を公開することも、それほど難しいことではなくなった。スマートフォン、タブレットなどで映像を記録し、アプリを使って編集もできる。そして、その端末から直接、動画共有サイトにアクセスして公開手続きもできる。その場合に必要となるのは、動画制作の技術だけではない。著作権、肖像権、公衆送信権などを理解するとともに、情報発信することで社会に影響を与えるという送り手の社会的責任について理解することも必要である。

　さらに、こうした動画共有サイトの運営管理者として、あるいはサイトに参画することがコンテンツの生成に関わるユーザーとして、今後どのようにそのサイトが発展するとよいか考え、行動していく能力も求められる。例えば、再生回数に応じて広告収入が支払われる仕組みなどをもつサイトがある。それは、人の役に立つ質の高いコンテンツを増やすことでユーザーを増やすとともに、運営管理者として広告収入を得て、サイトを発展させていこうとするビジネスモデルである。また、動画共有サイトでは公開された動画にコメントをつけることができ、コメントに対して「いいねボタン」でGood-Badを評価できる仕組みをもったものがある。これは、動画を公開するユーザー、視聴するユーザー両方の意欲を高め、活動を活発にする工夫であると同時に、質の低いものや問題があるものを見えにくくすることができる仕組みにも活かされている。これまでに考えられてきた工夫から学び、これからのことを考えていくことが重要である。

　東京都北区立豊川小学校では、小学校6年生を対象として、動画共有サイトに映像を公開する際に考慮すべき点について考える実践が行われた（実践者：佐藤和紀教諭）。メディア・リテラシーの育成を目的として映像制作を行う教育実践において、国語科と総合的な学習の時間を連携させた実践である（佐藤ら2014）。

第4節　動画共有サイトの何を学ぶのか　　21

まず、学習者は、小学校1年生に学校のルールを教えるための映像作品を制作する。グループごとに「ろうかを走らないこと」「ていねいな言葉づかいを心がけること」「あいさつをすること」「給食の大切さを知ること」などのテーマを設定し、構成を考え、タブレットで撮影、編集し、作品として完成させた。その後、その動画を動画共有サイトに公開するとしたらどのような配慮が必要になるか考えさせる。メインターゲットは小学校1年生であるが、不特定多数の人からも視聴されるということを意識した場合には、表現に配慮する必要が出てくる。議論する中で、「著作権や肖像権に配慮してインターネット公開を前提とした許諾をとる必要がある」ことや、「ふざけた顔つきで撮影していることに対して批判を受けるかもしれないから撮影しなおした方がよい」という意見が出された。また、個人が特定されないように目を隠す工夫をしようと考えるグループもあったが、そうすることで、かえって不自然になってそこに注目が集まり、本質が伝わりにくくなるという議論もなされた。

　学習者は、活動を通じて自分の映像表現能力を高めるとともに、動画共有サイトがもつソーシャルメディアとしての特性について考えることができた。多様な人々とともに動画共有サイトの文化を作り上げていく能力として、ソーシャルメディア時代のメディア・リテラシーが育まれたと考える。

5. ニュースサイトの何を学ぶのか

　インターネット上でニュースを提供するサイトは、新聞社やテレビ局など既存の報道機関が情報発信しているサイトだけではない。例えば、多くの人が情報検索に利用するポータルサイトでも、報道機関から提供を受けてニュースを公開している。

　こうしたサイトにおいて、ニュースに対する批評コメントを発信できるものがあるが、そこに「ソーシャル」な要素があると考えることができる。批評コメントによる社会的な相互作用によって、もとのニュース記事の印象が変わってくることさえある。それは、様々なものの見方や考え方に触れ、多角的な視

22　Chapter01　ソーシャルメディア時代のメディア・リテラシー教育

野で事象を考えることができる良さがある一方、主観的なものの見方に惑わされ本質を見失う危険性も孕んでいるということである。その特性を理解した上で内容を読み解く能力を育む必要がある。

ニュースサイトは、ポータルサイトを運営する人、新聞社の記者やデスク、記事に批評コメントをつける読者、批評コメントに対して「いいね」ボタンで評価する別の読者など、大勢の人が関わって形成されている。ある事象に対して様々な考えが入り混じることとなるため、それぞれの立場を理解した上で読み解くことが重要である。そして、自分もそのニュースに対してコメントをつけたり、コメントを評価したりする時には、他者に及ぼす影響を理解しておく必要がある。

批評コメントに対する評価「いいね」は、良い評価のものほど上位に残る仕組みになっている場合がある。大量の記事に対して誰でもコメント欄に書き込むことができるとなると、コメント欄には記事と関係のない書き込みや極端に偏った意見などが書き込まれる状況も想定される。そうしたコメントを監視し、問題があると考えられるものを運営者がチェックするには膨大なコストがかかる。また、報道に関することについて運営機関が何を表示するかコントロールすることは、「表現の自由」を侵害することにもなるため、望ましくないという考え方もある。

そこで、サイト運営者は、その評価を別の読者に委ねるという仕組みを作ったのである。これにより、記事と関係のない書き込みや極端に偏った意見などは、上位に残らないようになる。このような仕組みが今後も望ましいかたちで運用できるかどうか考えていくことも重要であろう。その前提として、ユーザーの使い方と運営側の工夫によって生まれたニュースサイトというメディアの特性を理解しておくことは、これからのメディアのあり方を考え行動していくために求められることといえるだろう。

東京都北区立豊川小学校では、擬似ニュースサイト教材を用いて、ユーザーによってサイトが生成されていくことの意味について考える実践が行われた（実践者：佐藤和紀教諭）。この教材は、「公園で寝ていた男性を携帯電話のカメラで

図1-3　疑似ニュースサイトの記事

図1-4　記事に対するコメント

撮影した男児が、その男性に棒を突きつけられた」という架空の記事（図1-3）があり、それに対して男性批判、男児批判、保護者批判、警察批判、マスコミ批判など、多様な立場からコメントがつけられている擬似ニュースサイト（図1-4）である。教師は、学習者に記事を読み取らせ、記事とコメントの内容とそれが意味することを確認させた。これらを読み解きながら、CGM（Consmer Generated Media）の特性を学んだ（中橋　2014）。

　学習者は、「コメントによって新聞記者の書いた記事の印象が変わること」や「自分が考えつかなかったような視点を得ることができること」など、コメント機能の有用性について確認できた。そして、価値観の多様性を認めるととも

に、自分が発信する機会があれば、送り手として責任をもつ必要があること、ニュースサイトをみんなで作り上げていく姿勢が重要であることを学んだ。

6. キュレーションサイトの何を学ぶのか

キュレーションサイト（例えば、「NAVER まとめ」など）とは、何らかのテーマに基づいて、その分野に通じた専門家（キュレーター）が価値ある情報を選択・分類・提示してくれるサイトである。インターネット上に溢れる情報の中から価値ある情報を入手することが難しい状況において、それを代理すること自体に価値が生まれている。様々な人が発信した情報を使ってコンテンツを生成するキュレーター、コンテンツを活用する人、サイトを運営する人など、多様な人が関わりをもつところにソーシャルな要素がある。

学習者には、キュレーションサイトがキュレーターによって意図的に選択された情報であることを理解した上で活用できるよう、キュレーションサイトの特性を学ばせることが重要である。また、学習者自身がキュレーターとして社会貢献できることや、そのために配慮すべきことを学ばせる必要がある。さらに、運営者の視点に立って、キュレーションサイトの運用・ルールに問題がないか検討し、必要に応じてそれを組み換えていく必要性について学ぶことが重要であろう。

そうしたキュレーションサイトにおけるコミュニケーションの構造や特性、情報の質などについて考えるために、実際にキュレーションの体験をさせることが有効である。どのようなテーマにニーズがあり、どのような情報に絞り込むと役に立つことができ、選択した情報を受け手はどう受け取る可能性があるか、選択しなかった情報があることで受け手にどのような影響があるのか考えることにも意義がある。サイトの特性を知り、うまく活用することができれば、価値ある情報を効率的に入手できるが、ある価値観に偏った情報が集まったものになるということも知っておかなければならない。

コンテンツを生成するユーザーが、アクセス数に応じて広告収入を得ること

ができる仕組みになっているサイトもある。広告を見るかわりに利用者は無料で効率よく情報を集めることができ、キュレーターにもメリットがある。よく考えられた仕組みだが、アクセス数を集めるために、質の低い情報をあたかも価値のある情報のように紹介するものが増えることも危惧される。そうした事例について調べ、それを防ぐための方策について議論する実践も意義がある。

　石川県金沢市立小坂小学校では、学級内SNSで素朴な疑問を投稿するとともに、他の人がそのことについて調べて情報提供する実践が行われた（実践者：山口眞希教諭）。インターネット上では、人の役に立つために別の人の力を借りるという営みが日々行われており、自分たちもキュレーターとしてそれに参画できるということについて学ぶ。

　例えば、「猫の種類は何種類ですか？」という質問に対して、他の学習者が複数のサイトを調べ、解説とともに情報元のURLを紹介しようとしたところ、捉え方によって様々な数字で語られていることがわかった。誤った情報を伝えれば迷惑をかけることになるため、慎重に判断して情報を提供する必要がある。学習者は、様々なサイトを見比べて情報の信憑性を判断したり、捉え方の違いを意識して伝えたりする必要があることを学んだ。

　本実践はキュレーションサイトを用いたものではないが、価値ある情報を選択・分類・提示するなどの活動を通じて、学習者はキュレーターの役割を体験できたといえる。誰にとってどのような情報が価値をもつのか考え、その人のために情報提供を行う。その際、伝える情報の信憑性を確認することや、リンクを貼り付けるだけでなく自分なりのまとめ方で説明を加えることなどが重要になる。学習者は自身がメディアの一部となって情報を伝える意義と責任の重さについて考えることができたといえる。

　以上のように、ソーシャルメディア時代のメディア・リテラシー教育は、これまで以上に体験的・対話的に考えて学ぶ活動が重要になると考えられる。とりわけ、複数のユーザーの関わりによってコンテンツが生成されて1つのサイトが作り上げられていくという特徴を理解するために、そうした学習活動が有効だと考えられる。

そのような活動を通じて、混乱や争いが生じないように、どのようなルールを作っていく必要があるのか考えることもできる。つまり、個人がメディアを読み解く力や表現・発信する力を身につけることができるだけでなく、個と個の関係性が生じることを前提として、その構造を対話的に生成していく能力が育まれると期待される。

7．メディアのあり方を提案できる能力を育むために

　この章では、ソーシャルメディア時代のメディア・リテラシーを育む教育が必要とされる状況を確認した上で、学習内容と実践事例の可能性を検討した。

　オングは、文字の技術が登場したことによって人の思考形式が変化したことを指摘している（Ong　1982）。もし文字がなければ、人は今と同じように物事を考えることはできなかったと思われる。情報の伝達が主に口頭で行われていた時代から、文字や活版印刷技術の発明によって文字に触れる機会が増え、カメラやテレビの登場によって映像に触れる機会が増えていった。また、デジタル技術やコンピュータの登場によって、音声・文字・静止画・動画を組み合わせた情報内容をリンクさせた構造をもつ情報に触れる機会も増えた。ソーシャルメディアという技術の発明も人々の思考の仕方を変化させる。

　現在、学校教育においてSNSについて学ぶ実践と研究が行われるようになってきている。例えば、「SNSを活用した交流学習」「SNSを安全に使うための情報安全教育・情報モラル教育」などに関する学習プログラムや教材開発などの事例がある（例えば、広瀬　2014、酒井ら　2015など）。こうした教育・研究の多くは、情報社会で適切に振る舞う態度として、人を傷つけたり、不快にさせたり、迷惑をかけたりしないようにすることや、自分を守るための教育と研究に比重が置かれてきたといえる。つまり、問題となっていることを解決したり回避したりするための情報モラル教育のアプローチが先行しているといえる。もちろんこうした実践の必要性を疑う余地はない。しかし、こうした個々の振る舞いや心がけに関する教育だけでは、根本的な解決にならない問題も多い。ソー

シャルメディアを取り巻く構造や特性を理解した上で、メディアと社会のあり方について考え、行動していく力を身につける教育が必要である。情報モラルの視点からだけでなく、メディア・リテラシー育成という視点からもSNSに関する教育について考えていくことが重要であろう。

　ソーシャルメディアが普及するにつれて、これまでのマスメディアに限定されることなく、多様な情報に触れることができるようになった。例えば、企業体としてのマスメディアは資本や社会的信用を活かした取材が可能であるが、1つの話題を長期間に渡り伝えることはできない。一方、ソーシャルメディアを通じて情報を発信する「市民ジャーナリスト」は、資金面などでの制約はあるものの、1つの話題を長期間に渡り伝えることができる。また、マスメディアが、取り上げる事象の一面とは異なる側面を提示してくれることも期待でき、多様な言論を生み出すものとして期待されている。こうしたメリットは、人を楽しませる大衆文化や芸術などの分野においても同様のことがいえる。市民参加と交流の場としての新しいメディアには、これまでになかったような大きな可能性が開かれている。

　一方で問題もある。それは、表現が拙いコンテンツ、モラルに欠ける情報発信、取材・検証が十分でない誤報などが蔓延することである。受け手にとっては、多様な言論を吟味して自分で考え判断する能力が求められるだけでなく、信憑性の判断や必要な情報を収集する能力なども求められることになる。そして、このような状況において有益なコンテンツを増やすために、どのような工夫ができるか考え、行動する必要がある。新しいメディアの登場によって新しい文化や価値観が生まれる中で、混乱や争いが生じないよう対話によって規範や制度を作っていくことは、継続的に生じると考えられる。「メディアのあり方を提案する能力」は、まさに、このような時代において重視する必要があるメディア・リテラシーの構成要素である。

　このように、多様なメディア・リテラシーの能力項目をバランスよく育成するためには、学校教育における系統的なカリキュラム、教材、モデル実践や研修などを開発する必要がある。そのため、メディア・リテラシーの教育に関す

る研究は、今後さらに重要性を増していくと考えられる。

（中橋　　雄）

【引用・参考文献】

広瀬一弥（2014）「SNS を活用したメディア活用力を育成する―科学館で体験して考えたことを SNS を使って交流し合おう」『学習情報研究』238, pp.18-19

Masterman, L.（1985）*Teaching the Media*. Routlege.（=2010、宮崎寿子訳『メディアを教える―クリティカルなアプローチへ』世界思想社）

中橋　雄・新　りこ・佐藤和紀（2014）「ニュースサイトを事例として UGM の特性を学ぶメディア・リテラシー教育用教材の開発」『日本教育工学会第 30 回全国大会講演論文集』, pp.87-88

Ong, W. J.（1982）*Orality and Literacy ―― The Technologizing of the Word*. Methuen & Co. Ltd.（= 1991、桜井直文・林正寛・糟谷啓介訳『声の文化と文字の文化』藤原書店）

酒井郷平・塩田真吾・江口清貴（2015）「トラブルにつながる行動の自覚を促す情報モラル授業の開発と評価――中学生のネットワークにおけるコミュニケーションに着目して」『日本教育工学会論文誌』39（Suppl.）, pp.89-92

佐藤和紀・中橋　雄（2014）「動画共有サイトへの作品公開に関する議論の学習効果：映像制作実践で育まれるメディア・リテラシー」『教育メディア研究 21』（1）, pp.1-10

総務省（2015）『通信利用動向調査平成 24 年度報告書』（2016 年 6 月 30 日取得, http://www.soumu.go.jp/johotsusintokei/statistics/statistics05.html）

菅谷明子（2000）『メディア・リテラシー――世界の現場から』岩波書店

構成主義の視座から
メディア・リテラシーを捉える

1. 当たり前を疑う

　普段私たちは、新聞やテレビのようなマスメディアからの情報をその真偽を精査することなく、当たり前の事実として受け入れている。メディアから流れる情報を1つ1つ確認していくことは大変であるし、とりあえずメディアを信頼して情報を受け取ることが日々の生活に役立つと考えている。その結果、テレビの情報番組などから「納豆はダイエットに良い」「バナナは健康に効果がある」という情報が伝えられると、スーパーの棚から納豆やバナナがなくなったりする。もちろん納豆やバナナは健康に良いかもしれないが、そこには受け取った情報を素直に信頼し、無反省に行動してしまう私たちの姿がある。

　「情報を批判的にとらえる」ことは、21世紀の知識基盤社会で生きていくためには重要であるが、情報の洪水の中で日々暮らしている私たちにとって簡単なことではない。「当たり前」のことは「あまりにも当たり前である」ために、透明化して見えにくくなっていくからだ。本章のテーマである構成主義[1]は、この当たり前を疑うことについて、新しい視座を提案してくれる。構成主義は、「唯一絶対の真理」という考え方に疑問を投げかける。それは、真理（知識）とは、私たちが属する共同体での社会・歴史的な産物であり、普遍的な真理というものは存在しないということを前提としている。私達は言語を使ってコミュニケーションするが、構成主義によると、言語は必ずしも外的世界の出来事を正確に描写しているわけではない。真実を記述する仕方は多様であり、ある共同体における真実は、別の共同体では真実ではなくなるという（ガーゲン 2004a）。このような構成主義の視座から、本章ではメディア・リテラシーをとらえ直し、

これからのメディア・リテラシー教育のあり方を展望する。

2. 学校教育と実証主義

　メディア・リテラシー教育について考えるにあたり、まず学校教育の「当た
り前」から検討していこう。現在の学校という制度は、日本で導入されてから
150 年に満たない。1872 年（明治 5 年）に「学制」が交付され、現在につなが
る学校制度が取り入れられた。近代（モダン）と呼ばれる時代がはじまる中で作られた制
度である。

　近代の学校をはじめとする社会システムは、実証主義がその土台となってい
る。実証主義の教義は 18 世紀半ばから台頭し、科学や技術の発展に大きく寄
与した。それは心と外界の 2 つに分けた二元論的な世界観を前提に、客観的な
世界が実在し、私たちは世界に働きかけることにより、真理（知識）を心（頭）
の中に写し取ることができるという考えに立っている。科学的な方法を使い、
外界に働きかけることで真理を見つけだし、その真理を頭に蓄積すれば科学や
技術を発展させることができ、その結果、産業が活性化していくと考える。こ
の考えは、＜技術的合理性＞[2] として結実し、社会の諸問題を解決するには
科学の理論や技術を厳密に適応できるという教義であり、＜技術的合理性＞の
考えは社会の様々な制度や慣行の中に浸透していった（ショーン　2007）。

　学校教育というシステムは、この＜技術的合理性＞を規範として組織化され
てきた。学校は、効率的に知識を伝達するための場所ととらえられ、そのため
の制度や仕組みが作られ、さまざまなモノや人が配置された。このように作ら
れた学校は、工場をメタファとして理解される。

　工場メタファでは、入学してくる生徒は「原材料」、教師はその原材料を加
工する「工具」、卒業する生徒は加工され出荷される「製品」である。たくさ
んの原材料を加工し、組み立てるには効率的に原材料を処理する必要がある。
原材料はベルトコンベヤーに乗せられ、それぞれの部署を担当する工具によっ
て次々と加工され、組み立てられていく。工具（教師）は役割を分担することで、

自分の担当している部署（教科）の責任を果たすことができる。同様に学校教育では、同じ年齢の生徒を同じ時期に受け入れ、同じ教室の中で教科別に時間割を作り、教科書に沿って効率的に教えていく。教室内の配置、例えば教壇、教室の前に配置された大きな黒板、前を向いた机の配置なども、効果・効率的に知識を生徒に伝達できる形に作られている。

　もちろん現代では、モノを生産する工場をメタファにして学校を描くことは批判される。しかし、J. リッツア（1999）が 20 世紀末に「マクドナルド化した社会」において描いたように、サービス産業がチェーン・システムという形で、＜技術的合理性＞を推し進めている状況をみると、形を変えただけでその本質は、現代においても実証主義の教義に基づいていることがわかる（柳　2005）。

　学校教育は、栄養士メタファでも語られる（フレイレ　2011）。知識は「良い食べ物」であり、教師は「栄養を与える人」、生徒は「栄養を与えられる人」である。何が栄養であり、食べられるべきものであるかは栄養士である教師によって決められる。教師は、生徒に教育的な「栄養」を与えるために、生徒に食べさせやすいように小さく細切れにして、食物を口に押し入れる。カリキュラムは国により管理され、教授・学習プロセスは教師により決められる。生徒はひたすら口を開き、栄養のある食べ物を摂取することを期待されている。そして栄養となった知識は、体重（試験）という形で測定される。「知識を蓄える」という表現の背景には、知識をモノとしてとらえ、特定の場所に集めたり、保存したり、必要に応じて取り出したりできるという見方がある。「頭に知識を溜め込む」ことは、問われることのない前提として学校教育というシステムの中に埋め込まれている。

　＜技術的合理性＞は、学校における教え方のなかにも組み込まれ、インストラクショナルデザイン（Instructional Design: ID）として、授業の効果・効率・魅力を高めるための様々な手法を提供してくれる（稲垣・鈴木　2015）。工場では生産性を高めるために PDCA サイクルが導入され、Plan（計画）→ Do（実行）→ Check（評価）→ Act（改善）の 4 段階を繰り返すことによって、生産性を継続的に改善していく努力が払われている。同様に、ID においても ADDIE モデ

ルを導入し、分析（Analysis）→設計（Design）→開発（Development）→実施（Implementation）→評価（Evaluation）のサイクルで授業を設計する。このモデルでは、現状の分析を通して明確なゴールを決め、ゴールを達成するための方法をデザインし、必要なリソースを用意して、授業を実践し、評価していくプロセスを何度か繰り返すことで、効果的な教育を実践していけると考えられている。

　工場メタファとIDモデルは表裏一体であり、重要なのは問題解決をいかに効果的・効率的に行うかである。つまり、与えられた問題をいかに解決するかに関心が向かうが、なぜそれが問題になるかは問われない。学校教育において何を学ぶべきかは、カリキュラムに記載されているので、そこに記載されている項目をいかに効果的・効率的、そして魅力的に、生徒の頭に満たしていけるかに焦点が当てられる。

　また問題は生徒にも向けられる。学習しても効果が上がらないのは、生徒個人に内在する「学習障害」に原因があると捉え、その生徒自身に対して様々な働きかけがなされる。

　学校におけるこのような考え方は、教室での教師と生徒との日常的なやりとりを通して、さらに実体化していく。授業では教師は正しい答えをもち、それが生徒の頭に蓄積されたかどうか確認する作業が繰り返される。教師と生徒の間のコミュニケーションを分析すると、そのほとんどはIRE（initiation-response-evaluation）の連鎖により展開されていることがわかる（Mehan　1979）。教師は生徒に質問し生徒に手をあげるように促す（initiation）、生徒は答える（response）、そして正答かどうか教師が評価（evaluation）する。この一連のやりとりが授業で繰り返される。さらに、ペーパーテストという道具により、知識がどのくらい頭に蓄積されたか定期的に測定される。

　教師の発問と評価、テストなどが繰り返されることで、あたかも知識が心に溜め込まれているという実感をもつようになる。言い換えると、知識を貯蔵可能なものとして扱う人々の活動を通して、あたかもそういう知識が実在物として頭に溜め込まれていくという実体が立ち現れてくる（有元　1998）。「頭の中にため込む知識」が実体化されるようになると、実証主義の教義に則った、この

「当たり前」をどのように効果的・効率的に実践していくかに焦点が当てられるようになる。しかし、メディア・リテラシーはこの当たり前に対して、批判的に捉えることからはじまる。別な角度から、この当たり前に光を当てることで、これまでとは違った新しい意味を生み出すことができる。そしてその「当り前」は、時代の進展とともに実態に合わないものになってきたことが少しずつ見えるようになってくる。

3. 学校教育の行き詰まり

　近代とともに始まった学校は世界中に広まり、多くの子どもたちが学校に通うようになった。しかし、知識基盤社会と呼ばれる 21 世紀に入り、実証主義に則って組織化されてきた学校という仕組みは、様々なところでほころびが出てくるようになった。

　ほころびの第一は、学校での学習と社会での生活との乖離である。学校での成功が人生での成功につながるという従来の考え方が支持されなくなってきたことだ。学校において知識を習得し、テストの点数を高めることで良い成績を上げ、良い上級学校に進学できれば良い会社に入ることができ、成功できる人生を目指していけると思われた。しかし、社会が急激に変化する中、学校で知識を吸収しさえすれば社会に出てうまくやっていけるとする考え方に対して信頼性が失われてきた。

　第二は、学校で同じ内容を一斉に子どもたちに教える方法に対する疑問である。子どもたちのニーズが多様になってきたにもかかわらず、学校では学級というひとまとまりの集団のなかで子どもたちへの指導が行われる。一斉授業という形で、教科書に沿って学級全員に同じ指導がなされる。しかし、意欲のある子どもは積極的に授業に参加できるが、そうでない子どもは置き去りにされたままになる。学習の主導権は与えられず、テストの成績を上げて「良い上級学校」に入学するため競争的環境に置かれ、子どもはストレスを抱える（柳2005）。その結果、学びを拒否し、長期にわたって学校に通わなくなる子ども

34　Chapter02　構成主義の視座からメディア・リテラシーを捉える

が増えてきた。

　急速に変化する予測不可能な時代に、学校で何を学んだらいいのか誰も自信をもって答えることができなくなってきた。今学校で学んだ知識は将来役に立つからと言われ子どもたちはたくさんの知識を吸収しようとする。しかし、学ぶべき知識は日々増大し、今日学んだ知識はすぐに色褪せてしまう。社会で求められる知識・技能は急速に変化している。現在、小学校で学んでいる半数以上の子どもたちは、現在存在していない職業に就くと予想されている。そのような状況の中、教師は子どもに「今やっている勉強は将来役に立つ」と本当に言えるのだろうか。

　複雑性が増し、予測が難しい現代社会を生き抜くためには、単に知識を溜め込むだけではダメであるという共通の認識が生まれた。キー・コンピテンシー（OECD）や21世紀型能力などの新しい資質・能力の概念が提唱されるようになった。これらの資質・能力に含まれる構成要素は、知識だけではなく、コミュニケーション力、社会の中で関係性を作り意欲的に取り組む態度などを含んでいる。単に知識を学ぶだけでは十分ではない。周りの人たちと協働するためのコミュニケーション力やチームワーク、問題の解決に取り組む意欲が強く求められる。全人格的なものをも含む新しい資質・能力の概念は、自分の周りの人やモノに関わり働きかけ、新しい関係性を作り上げていく力として捉えられる。「頭の中に溜め込まれた知識」を取り出して問題解決をするのではなく、社会的相互作用の場の中で意味を作り出し、そのプロセスの中で問題解決をしていくという資質・能力である（立田　2014）。

　構成主義は、この周囲の人とモノとの「関係性」に焦点を当て、それらの相互作用を通して知識が構成されると考える。私たちは、「頭の中にある知識」という従来の知識観に縛られているため、周りとの相互作用を通して知識が構成されるという知識観を受け入れるのはなかなか難しい。このような知識の社会的構成についてヴィトゲンシュタインは、「言語ゲーム」というメタファを使って説明をしている。

4. 言語ゲーム

　実証主義では、外界の事実は言語によって記述することができ、それを知識として頭の中に溜め込むことができると考えられてきたが、このような考え方に疑問が投げかけられるようになった。この疑問は「真理」とは何かという見方と密接なつながりがある。伝統的な見方によると、真理とは世界をあるがままに捉えることであり、個人的な感情を入れ込まずに、言語により厳密に記述することであると考えられていた。

　この考え方に対して、ガーゲン (2004a) は、ソシュールの「記号論」を取り上げ「シニフィアン (意味するもの) とシニフィエ (意味されるもの) の関係は恣意的なものである」(p.37) と反論している。「言葉と世界を結びつけているものは、いってしまえば社会的習慣にすぎない」(p.38)。つまり言葉と外界の出来事やものごとは直接的に対応しているわけではないということである。構成主義では、世界を記述する方法は無限であり、その人が属している共同体によってその記述の仕方に違いがあると考える。「真理」とはその共同体における真理であり、違う共同体では違った真理の描き方がある。つまり、真理とはその共同体にとって好ましい記述の仕方の1つにすぎないということになる。このことをグッドマン (1987) は、世界を描く仕方は多様なバージョンがあると表現している (ブルーナー 1998)。

　外界の事実を表現する方法が無限にあるとしたら、私たちは何を信じたらよいのだろうか。この問題に応えるために、ヴィトゲンシュタイン (1997) は「言語ゲーム」という概念を提案した。外界とそれを記述する言葉との間に、特別な関係がないとしたら、いかなる記述も可能である。言葉の意味とは、その言葉がどのような文脈のなかで使われるのかに依存している。つまり、意味のある発話はすべて言語行為として、相手との人間関係において何かを遂行しようするものとして概念化される (ガーゲン 2004b)。

　真理には多様なバージョンがあり、それぞれの共同体の中ではその1つ1つが真理として捉えられる。たとえば、チェスというゲームについて考えてみよ

う。2人のプレーヤーがチェス盤の上で駒を動かして、キングをとった側が勝ちという明示されたルールがある。それぞれの駒には、どのように動くことができるか明確なルールがあり、どの駒でもキングやクィーンを倒すことができる。もちろん明示されていないルールもゲームを楽しむためには共有されていなければならない。例えば、相手を罵ったり、唾を吐き掛けたり、暴力をふるったりするのはルール違反である。2人は交代で駒を動かし、キングを追い詰める(チェックメイト)ために様々な手を打ち合う。チェスをする時は、それらのルールに則って行うことが求められる。私たちは、そういったルールに従ってチェスを楽しんでいる。それぞれの駒は、チェスというゲームの中でそれぞれの役割や意味を与えられる。しかし、駒はチェスというゲーム以外では何の意味ももたないし、チェスを行う場面以外ではそれらのルールも意味をもたない。

ヴィトゲンシュタインは、言葉の意味も同様に、それを使う場所から離れたら意味をもたなくなると主張する(ガーゲン 2004a)。挨拶というゲームでは、参加者は交互に発話をしなければならない。相手の顔を見て1人が「おはよう」というと、もう1人が行うべき行動はだいたい決まってくる。たとえば、「おはよう」と返したり、「今日は良い天気ですね」と同意を求めたりするが、相手を叩いたり、叫んだりすることはルール違反となる。また、貧困撲滅について白熱した議論をしている時に、突然「おはよう」という言葉を発することもルール違反となる。「おはよう」という言葉は、挨拶ゲームの中では意味をもつが、それ以外の場面では不適切な言葉と見なされる。なぜなら言葉の意味は、ある特定の場面において、その言葉がいかに使われたのかということによって決まるからだ。

話を学校の場面に移そう。授業が始まるベルが鳴り、教室に教師が入ってくる。生徒は全員起立し、黒板の置かれている側を向いて「おはようございます」と一斉に発話する。授業が始まる時のルールである。授業が始まり教師は生徒に質問し、生徒はそれに答え、教師はその答えが正しいかどうか評価を与える。このようなルールに基づいて学校での言語ゲームが展開される。生徒は学校での言語ゲームの中に様々な意味を見い出し、ゲームを円滑に進めるためにルー

ルに従って言葉のやりとりを継続する。そこで使われる言葉は、学校という言語ゲームの中での特有の言葉であり、教師や生徒の間のやりとりを通して意味が形成され、維持されていく。教師と生徒のやりとりに加え、学校での言語ゲームを維持していくために、さまざまな道具立てがある。たとえば、教室での掲示物、黒板、教科書、テスト、通信簿などが、学校の中にいる人々の関係性を意味のあるものに作り上げている。1人1人の生徒の頭の中に知識を溜め込むための実践を、事実として受け入れ維持していくために、継続的に確認をするプロセスが組み込まれている。学校では、学校特有の言葉（先生、生徒、成績、規律、授業、学級通信、課題など）が使われる。これらの言葉は学校という場において特有の意味をもって使われると同時に、これらの言葉がなければ、学校という生活様式は成り立たなくなる。それは学校という共同体の中で意味をもつものであり、学校の外では別の言語ゲームが行われている。

　言語ゲームでは、そのゲームに参加する人々の関係性の中で言葉の意味が作られ再生産されていく。それが構成主義のいう、「知識は社会的に構成される」ということである。真実とはある社会（共同体）にとって真実なのである。

5. 分かちもたれた知識

　学校という共同体の中では、個人が単位となり、個々の生徒の頭の中にどれくらい知識が獲得されたかに焦点を当てた言語ゲームが展開されている。しかし、人類の歴史を顧みると、人々の活動は協力関係の中で成り立っており、協働的な活動を通して多くのことが達成されてきたことが分かる。

　人類の何十万年もの歴史を振り返ると、私たちの先祖は互いに協力することで厳しい自然の中を生き抜いてきた。狩猟や採集を生活の基盤としてきた原始社会において、動物を捕まえたり、山菜を集めたりすることは生きるための重要な日々の活動であった。特に大型の獲物を捕まえるのは、1人では危険であり難しい。人々は互いに協力をすることで、空腹を満たすという欲求を充足させてきた。例えば、獲物を捕まえるために追い立てる人、待ち伏せして仕留め

る人が、それぞれの役割を果たす。獲物を追い込む行為それ自体では、獲物を捕まえることはできない。一方、獲物が追い込まれないならば、待ち伏せする人は、いくら待っても獲物を捕まえることはできない。この２つの役割をうまく機能させることで、獲物を確保し食糧を得ることができる。それぞれの行為だけでは、目的とは直接つながっていないが、協働して取り組むことではじめて目的が達成できる（レオンチェフ　1967）。このように人間活動は、人類の始まりとともに協働性を発達させ、１人１人の行為が直接活動の目的とつながりを見出せなくとも、それぞれの行為が連携することで、活動目的を達成できるという協力関係を構築してきた（エンゲストローム　1999）。

　現代では、人々の協働はさらに複雑になっている。たとえば、新幹線で大阪から東京に行くことを考えてみよう。私たちは、列車の切符を購入し、指定された時間に列車に乗ることで東京に行くという目的は簡単に達成できる。それは至極当然なことのように思えるが、東京に到着するという目的を達成するには実に多くの人たちの行為によって支えられていることを、私たちはあまり意識しない。

　列車は１人の運転手によって動くわけではない。列車が動くためには、線路を保守する人、切符を確認する人、中央監視室で列車の運行状況をモニターする人、車内を清掃する人など、多くの人たちが列車の運行に関わり、それぞれの役割を果たしていかなければならない。そして、新幹線というテクノロジーはそれを発展させてきた長い歴史の中での多くの人たちの協働の結果として、現在に結実されている。そういった歴史により形作られた社会システムの協働の網目の中に私たちは参加し、さまざまなことを達成できるようになってきたわけである。

　レイブとウェンガー（1993）は、このような人々の協働的な活動をアフリカの仕立屋を事例に「正統的周辺参加」（LPP: Legitimate Peripheral Participation）という概念にまとめた。新参者として仕立屋に弟子入りした若者が、一人前になるプロセスを研究した。実証主義の考え方では、学習とは個人の頭の中に知識を蓄積していくことと捉えたが、LPP では共同体への参加というプロセスの

中に位置づけた。仕立屋という共同体に参加し、そこでの社会的相互作用の場そのものが学習である。学習は、共同体の成員の間に分かちもたれているのである。ヴィトゲンシュタインの言葉を使うと、仕立屋という共同体の言語ゲームに参加し、プレイすることである。LPP は、仕立屋のような徒弟制に現れるだけでなく、あらゆる人間活動における実践の 1 つの特徴であるといえる。私たちは、職場や趣味のサークルなどさまざまな共同体に参加し、共同体の成員と協働する中で他ではできなかったことができるようになり、有能な成員として十全的に活動を遂行していく。

　しかし、学校という共同体では、個人を単位としたルールが基本になっている。脱文脈化された知識は、小さく分けられ、簡単なものから難しいものへと順番に、1 人 1 人の生徒の頭の中に蓄えられていく。このような効率性に重点が置かれる学校での学習は、LPP の考え方とは相容れない部分をもっている。学校教育においては、意図的な教授が学習成果につながるととらえるが、LPP では意図的な教授の有無にかかわらず、共同体の成員間の相互作用により学習が進むと捉える。LPP による分析では、何が教えられたのかに着目するのではなく、どのような成員間のやりとりが人を有能にするのかに着目する。子ども達は学校において意図的な教授のもとでの学習だけでなく、学校という共同体に参加することを通して、学ぶことを意図していなくとも学んでいく。従来見過ごされてきたインフォーマルな学習経験に着目していくことが重要である。たとえば、生徒が尊敬する教師の振る舞いや言動を知らず知らずのうちに受け継いだりすることはよく見られることである。学校における振る舞いや言葉遣いなどは本人が気づかないにもかかわらず、学校という共同体の言語ゲームを再生産しているのである。このような学習は多様な道筋をもつだけでなく、予測することができないものである（レイブ・ウェンガー　1998）。

6. 構成主義とメディア・リテラシー教育

　学校教育における獲得モデルに対して、構成主義の学習論では、学習を個人の認知的な活動としてではなく、情動の領域も含む全人的な活動と捉え、周辺的な取り組みから始まる創造的なパフォーマンスとみる。構成主義の視座から、新しいメディア・リテラシー教育の3つの観点を提案する。

　第一に、メディアを単なる情報伝達の手段ではなく、多様な実践が交錯し、抗争し、紡ぎ合わされていく社会的な場と捉える。メディア・リテラシー教育においては、集団的な実践の場を子ども自身が作り出し、修正を加え、調整をしていくことを含む活動を組織化することである。それは明確に示された目標を達成するために、スモールステップで順を追って学習を進めることではない。問題状況におかれた子どもたちが、議論し合い、何が問題なのか合意を形成し、試行錯誤を繰り返しながら、問題解決に向けて取り組む活動である。例えば、映像の制作やポスターなどの作品作りの活動は、さまざまな葛藤を乗り越えながら作品を作り上げるプロセスそのものが、メディア・リテラシー教育にとって重要なのである。

　第二に、学習の結果は、個人の内部に知識・技能として蓄積されるのではなく、集団的に取り組む活動への参加のプロセスにある。集団への参加のダイナミックスの中で役割や責任、ルールそして関係性が変わり、集団としてのパフォーマンスが向上していく。メディア・リテラシー教育においては、メディア作品を創造するプロジェクト学習と呼ばれる学習が適している。

　第三に、情意的な側面と認知的な側面は切り離すことができない精神活動であり、全人格的な活動としてメディア・リテラシー教育をとらえていく。21世紀型スキルやキー・コンピテンシーなど、新しい能力の育成が叫ばれているが、それでは個人の中に知識・技能が獲得されるという立場を脱していない。メディア・リテラシーは、個人の内側にため込むことができる能力ととらえるのではなく、人とモノ、人と人とが相互に関わり合い、関係性を維持し、修正していく実践とみることで、関係性のなかで立ち現れる能力ととらえ直すこと

ができる（水越　2014）。

　構成主義の立場に立ったメディア・リテラシー教育の地平をさらに広げていくために、「メディア概念の拡張」と「メディア実践としてのプロジェクト学習」の2つのトピックについて取り上げる。

（1）メディア概念の拡張

　構成主義のメディア・リテラシー教育を実践するにあたって、メディアの定義を再考してみよう。学校教育におけるメディアに関する取り組みは、伝統的に2つの流れがあった。ひとつは、テレビや新聞、広告、映画など大きな影響力を持つマスメディアからの情報を鵜呑みにしたり、低俗な文化に飲み込まれたりしないための素養を身につけることを意図していた（水越　2014）。もうひとつは、放送教育や視聴覚教育などにみられるように、メディアを効果的・効率的に利用していこうとするものである。前者は、メディアの悪影響に焦点を当て、後者はメディアの利点を積極的に取り入れていこうとするものである（今井　2004）。これらの2つの流れにおいて共通するものは、メディアの定義である。メディアとは、映画やテレビ、ラジオ、新聞などのマスメディアであり、最近ではインターネットやスマートフォンなどが新しいメディアとして加わってきた。メディアは送り手から受け手へのメッセージ伝達を媒介する手段であるという考え方は、20世紀におけるテレビ、ラジオの発達の中で広まってきた。本章では、これらを「狭義のメディア」と呼ぶことにする。

　しかし、メディア（media）とは、ラテン語の medium（「中間の」を意味する）から派生した言葉であり、「中間にあって作用するもの」というのが本来の意味であった。それが、近代に入り、新聞や映画などに代表されるマスメディアだけがメディアとして概念化されるようになったのである（吉見　2004）。本節では、メディア概念を「中間にあって作用するもの」という本来の意味でメディアを捉え直す。この広義のメディア概念はメディア・リテラシーに新しい視点を提供してくれる。狭義と広義の2つのメディア概念を行き来することで、構成主義の視座に立ったメディア・リテラシーを検討していく。

メディアの広義の概念としての捉え直しは、近年においても行われてきた。マクルーハン（1987）は「メディアはメッセージである」と主張し、メディアを単にメッセージを運ぶ器と捉えるのではなく、メディアそれ自身が意味を成立させる社会的な場であるという捉え方を提案した。マクルーハンの定義によると、メディアはテクノロジー全般であり、人間機能を拡張するものであるとしている。例えば、メガネははっきりと見ることができない人に「鮮明に見る」という機能を拡張してくれる。道路は、これまで行くことができなかったところへ連れて行ってくれる。そういう意味で、メディアは、私たちの社会の至るところに存在している。

　ベンヤミン（1995）は、メディアを一方の送り手から受け手にメッセージを伝達する媒体としてではなく、メディアを媒介として人、モノ、制度との関わり合いの中で意味を紡ぎ出し、調停されていく営みであると説明する。言い換えると、メディアとは、「さまざまな主体によるテクストの読み替えや紡ぎだしの連鎖」（吉見　2012、p.11）を起こす媒介項であると捉え直すことができる。

　このようなメディアの観点から、川床（2013）は神社で初詣などに売られている「お札」を取り上げ、メディア概念を再吟味している。「お札」は、千年以上前に作り出され、今なお私たちの暮らしの中に溶け込んでいる。

　伊勢神宮は平安時代の半ばまでは経済的に安定していたが、次第に困窮してきたため、経済的な安定を図るために神主たちは、全国をわたり歩き伊勢神宮の神徳を説き、田畑の寄進を求めた。このようにして集めた伊勢神宮の領地は全国で千ヵ所以上に及び、そこに新しく神社を建て神宮の「お札」を奉った。このように日本全国に「お札」を広めて歩いたのは伊勢神宮の神主であった。

　神主たちは「伊勢神宮のセールスマン」として、次第に武士だけではなく、百姓や商人のところにも紙メディアとしての「お札」を持って回るようになり、代わりにお金やその土地の産物を寄進してもらい、それらを伊勢神宮に運んだ。そして伊勢神宮が生き残るために神主たちは、神様のメディア「お札」の有効期限を1年とし、古くなったお札はもう効き目がなくなるということで、毎年新しいお札を持って家々を訪れ、お札を配りお金を集めた。そして神主たちは、

第6節　構成主義とメディア・リテラシー教育　43

寄付の金額に応じて、伊勢の産物をお土産として置いていった。神主は毎年、こうして「お札」を配り、寄付を集め、お土産と情報を発信し、伊勢神宮のありがたさを全国に広めて、伊勢信仰というネットワークを築き上げた。このネットワークは、「お札」というメディアを介して伊勢神宮と全国の人々をつなぎ、伊勢神宮の「意味」をよりリアルなものにしてきた。「お札」というメディアを介して、テクストの生産と受容のプロセスが展開し、意味が紡ぎ出され、語り直され、書き換えられていく歴史が見えてくる。まさに、メディアをめぐるさまざまな実践が、人、モノ、制度の中で交錯し意味や価値が作られ、修正されてきたことが分かる。

　川床 (2013) は、さらに「松坂縞もめん」をメディアとして取り上げ、同様の分析を行った。現在手織りによる綿織物の生産が廃れつつある中、「松坂縞もめん」をめぐる人々の活動を歴史的に俯瞰し、その手織り技術を復元し伝承する実践を行っている女性グループの活動を描き、「松坂縞もめん」が社会・歴史的にどのような実践の場を作り出し、メディアとして誰と誰をつなぎ、人々の活動を維持・調整してきたのかを説明している。言い換えるならば、メディアとしての「松坂縞もめん」はどのような社会的実践を通してメディアとして位置づけられるようになったのかという観点から記述している。

　伊勢神宮の「お札」や「松坂縞もめん」をメディアとして捉え直し、それらを軸に関係する人、モノ、制度が織りなす実践を分析することは、テレビやスマートフォンを「中間にあって作用する」媒体としてとらえ直し、それらのメディアをとらえる観点を与えてくれる。つまり、メディアをコミュニケーションの単なる器とみるのではなく、相互主観的な関係の中で意味が生成される場ととらえ直していくことの重要性を示してくれる。

　ソーシャルメディアが発達した 21 世紀の今日的状況を鑑みると、私たちは単にメディアからのメッセージの受け手という役割に留まるものではなく、受け手・送り手というカテゴリー自体が意味をもたなくなってきた時代に生きているといえる。Facebook や Twitter などの SNS を媒介として、対面、非対面にかかわらず新しい共同体がいくつも作られ、解体されていく。テレビやラジ

オ、新聞などマスメディアに関する学習だけでなく、「中間にあって作用する」という本来の意味でメディアを捉えることで、より広い視野からメディアを分析できるのではないだろうか。

（2）メディア実践としてのプロジェクト学習

　メディアを広義の意味で理解し、メディア・リテラシー教育に導入することで、プロジェクト学習のあり方を検討していく。メディア・リテラシー教育におけるプロジェクト学習とは、例えば、グループでビデオ作品を作ったり、劇を上演したり、ホームページを作り発信したりする創造的な活動を指す。

　まず、実証主義に基づくメディア・リテラシー教育との比較で検討してみよう。実証主義は、＜技術的合理性＞を規範として、教師による授業のデザインが行われる。ADDIE モデルによると、どのような能力を習得させるかについて行動目標をたてる。たとえば、メディア・リテラシーの構成要素を列挙し、それぞれの要素に示された能力を習得するための学習活動を検討する。あるいは、放送番組の望ましい見方やケータイの正しい使い方について、必要項目が整理され、簡単なもの、分かりやすいものから複雑で高度な内容へ順番に教えることでテレビの正しい見方や問題を起こさないケータイの使用法に関する知識や態度を習得させる授業を作っていく。

　このような授業は「メディアに翻弄される子ども」をいかにメディアの暴力から守り、正しいメディアの利用法を教えようという観点からデザインされる。授業では目標に準拠した学習活動が作られ、それに基づいて評価が行われる。その結果、子どもは十分な知識をため込むことができ、問題を解決する能力が身につくというアプローチである。

　ADDIE モデルは、目標を明確に設定しやすい教育活動のデザインには優れているが、子どもに主導権をもたせて、自ら環境を作り出していく実践には向かない。構成主義のメディア・リテラシー教育では、教師は明確な目標を設定しないで、学習の主導権を子どもに委譲する。そしてメディアと子どもとの既存の関係性を切り崩し、日常的な規範から切り離された振る舞いを通して、メ

第6節　構成主義とメディア・リテラシー教育　　45

ディア実践を行う。観察可能な行動目標を設定するのではなく、メディアを媒介として周囲の人たちとつながり、様々な実践に参加した結果、メディアとの新しい関係性が立ち現れる方向を探る。ADDIE モデルに沿った目標準拠型ではない、「メディア遊び」の実践である（水越　2014）。

　協働して取り組むプロジェクト学習は、メディア遊びの要素を含んだ、子ども中心の創造的なメディア・リテラシー実践である。子ども自らが変化の担い手となり、周りの子どもと協働関係を築きながらメディアと遊ぶ。その活動の中で当初、誰もが予期していなかった出来事に遭遇したり、思いもしなかった新しい方向に向かったりする。それは、目標にまっすぐに向かう、効果的・効率的な学習活動とは違う（ホルツマン　2014）。何かよく分からないけれど、ワクワクする面白そうな活動に参加することであり、参加した子どもたちの相互行為を通して、紆余曲折しながら活動が展開していき、これまで思いもしなかった新しい知識が創造されていくプロセスである。

　関西大学初等部 6 年生（2016）の「本作り」の実践を紹介しよう。関西大学初等部の教師がインド・ビハール州のニランジャナスクールという学校を訪問したことをきっかけに、インドとの交流が始まった。はじめてインドを訪問した教師にとってはカルチャーショックの連続である。電気がいつでも使え、蛇口からは水が出て、水洗トイレを使うという日本では当たり前のことが、訪問したインドでは日常ではなかった。さらに NGO が運営する学校を訪問した時、電気がないため電灯もエアコンもない教室で、子ども達が授業を熱心に受けている様子を見て大きな衝撃を受けた。帰国後、教師は自身が衝撃を受けた体験を子ども達に熱く語り、子ども達は教師の語りに強く心を動かされた。インドとの交流活動は、インドの子ども達に何かをしたいという教師の強い思いと、それに心を動かされた日本の子ども達の取り組みとして始まった。事前に学習目標を設定して、教材を準備した活動というよりも、いろいろなことが即興的に作られ、修正されながら進む学習活動であった。

　子どもたちはインドの学校を支援するために、フリーマーケットを開催し、集めたお金でソーラーライトや発電機を購入し学校に送った。そして交流は 3

年目に入り、下の学年に引き継がれることになった。しかし、インドの子どもの話は、引き継いだ子ども達にとっては別世界の出来事であり、自分たちの生活との関連を見出すことができなかったため、積極的に取り組もうという意欲はもてなかった。教師はなんとか子ども達に、インドの子どもとの関わりを自分事として、交流に取り組んでほしいと考えていたが、3年目を引き継いだ子ども達は、先生に促されるままにさせられている、何か居心地の悪い活動ととらえていた。中等部に進んだ先輩を交えて、総合学習の一環としてフリーマーケットをしたり、授業のサポーターとして参加してくれる大学生との関わりの中で開発途上国のことを学んだりしても、子ども達は活動の意味がよく分からず、本気で取り組むことができなかった。「なぜ途上国を支援するのか？」「身近なことを先にすべきではないのか？」という疑問を教師に投げかけたが、納得のいく回答を得ることができなかった。

　3年目の夏休みにフリーマーケットの収益金を教師がインドの学校に届けた際に、インドの子ども達から「関西大学初等部のみんなに渡してください」とメッセージカードを託された。教師は、その経緯を子ども達に伝え、メッセージカードを渡した。すると、「これって何だろう？」と子ども達は興味津々にメッセージカードを読み合った。これまでは、先輩から引き継いだものとしてインドの子ども達をとらえていたが、これがきっかけとなり自分達の友達という意識が芽生えてきた。子ども達はメッセージカードの内容を理解しようと、一生懸命になったが、インドという見知らぬ国の状況は、メッセージカードだけを見ても理解することは難しかった。

　そこで、子ども達は、この疑問を解決するために行動を起こした。まず、日本

図2-1　関西大学初等部6年生が出版した本の表紙 (さくら社　2016)

第6節　構成主義とメディア・リテラシー教育　47

と途上国との関係はどのようなものか調べ始めた。途上国の暮らしとはどのようなものか、体験をしようと考えた。ある子どもは、インドの子ども達が食べる量と同じ量のメニューで食事をしてみた。普段食べている量の半分くらいなので、実際にやってみるとお腹が減って勉強に集中できないことを実感した。他にも、個別に各家庭で途上国体験を実践した。また、学校ではインドの学校のように、電気がなく机も十分にない教室で、国語の授業を受けてみた。部屋は暗くはっきりと文字を読むことができないし、授業に集中できないことを実感した。子ども達は、過酷な環境の中で熱心に勉強をしているインドの子どもたちの生活を想像し体験することで、インドについて考えることが次第に身近になってきた。

　このような体験を通して、子ども達は途上国のことをもっと知りたいといろいろ調べるようになったり、NGO が主催するワークショップに大学生や高校生と一緒に参加したりした。活動を通して、子ども達は単にモノを送るだけの国際協力ではなく、相手を知り、相手の心に寄り添うには、互いを知ることが大切だということを理解するようになってきた。

　その後、テレビ会議を始め、互いに自己紹介をしたり、クイズを出し合ったりして、互いの顔を見て交流するようになった。すると、「インドの子ども達」と見なしていた交流の相手は、名前のある「チャンダンくん」「プジャさん」に変わり、名前を呼び合うようになった。テレビ会議を通して、相手の名前と顔が身近に感じられるようになったのである。

　「チャンダンくんやプジャさんのために何かしたい！」という思いを強くした子ども達は、自分たちにできる途上国への協力活動としてインドの子ども達との交流活動のプロセスを本にしようと「本作り」プロジェクトを始めることにした。その本の収益金をインドの仲間に使ってもらおうと考えたのだ。出版社から本物の編集者に学校にきてもらい、本を作るために必要なノウハウを教えてもらった。カバーのデザイン、写真の選定、執筆の分担、本の校正など1つ1つを着実にこなし、出版に漕ぎ着けることができた。小学6年生にとって、本を出版することは、これまでになかった大きなパフォーマンスだといえる。

48　　Chapter02　構成主義の視座からメディア・リテラシーを捉える

この活動では、事前に目標が設定されてそれに基づいて行われたわけではない。教師の熱い思いと子ども達の試行錯誤の活動の中で様々な相互作用が生まれていく。そして、本という媒介物（メディア）を介して、交流の意味が作り出され、修正されていく。最初は「支援」と捉えていた活動が、「応援」に変わり、最後に「協力」として意味づけられていく。子ども達自身が、「国際協力」というパフォーマンスの場を作り出し、1人ではできないことが協働することでできるようになっていく（ホルツマン　2014）。

　メディア・リテラシー教育、つまりメディアの読み書き能力を育成するには、単にメディアからの情報を受け取ったり、発信したりすること以上の実践が含まれる。教師が主導権を握り、目標を設定し、それに則り授業をデザインしていく従来の形態では、実現することができない。構成主義の立場に立ったメディア・リテラシー教育は、人、モノ、制度などの関係性の中で、意味が作り上げられていくプロセスそのものであり、教師が主導権を委譲することを通して実現することができる。教師と学習者という固定された関係性が再構築されることで、メディア・リテラシーを学ぶ活動が実現するといえるだろう。

7. メディア・リテラシー教育の新しい地平

　構成主義は、これまで「当たり前」と考えられていた学校教育のあり方に異義を唱える。例えば、教師が生徒に正しい知識を教えるという当たり前を揺さぶり、生徒が教師にSNSの使い方を教える授業があってもいいのではないかと主張する。目標に向かって知識をため込むのではなく、まずはメディアと遊んでみようと提案する。構成主義のメディア・リテラシーは、これまでの当たり前をいったん括弧に入れて、教師と子どもの役割を作り替え、ルールを変えていくことから始める。そうすると、メディア・リテラシー教育の新しい地平が見えてくる。

　メディアを意識的に捉え、集団的に体を動かしてメディアを媒介として制作をしたり、パフォーマンスしたりすることで、身体的に学ぶメディア実践とし

て捉え直す。従来の「当たり前」の枠組みを壊し、役割やルールを少しずつ変えていく中で、教師と子どもたちの新しい関係性を組み直すことが含まれるメディア実践を作っていくことを大切にしたい。それは従来の教育よりも時間がかかるかもしれないが、これまでの学校の仕組みや制度を根本的なところで変えていくきっかけを提供してくれる。

（久保田　賢一）

【注】

(1) 構成主義は、一つの思想というよりも様々な領域から起きてきた一連の思想的な流れと捉えられている。構成主義の知的源流に関してさまざまな説明があるが、意味の共同的な構成を主張している構成主義の立場からいうと、「構成主義」の意味は共同的に達成されるものであり、これが起源であり、本流であるというような正統性の主張はありえないということになる。言語の意味は不断に交渉され、変容していく。知的源流を探ることに努力するよりも、外からの批判に対して開かれ、さまざまな主張や意見が混在し、活発に議論を交わす方が面白い。文献の引用状況を見てみると、教育分野では、ピアジェやヴィゴツキー、デューイが主に引用されている。一般に、哲学ではカント、ヘーゲル、ヴィトゲンシュタイン、グッドマンなど、科学哲学ではクーンの「科学革命の構造」、社会学ではバーガーとルックマンの「日常世界の構成」などがよく引用される。本章では、ガーゲン（2004a, 2004b）の社会構成主義の議論を中心に取り上げる。

(2) ショーン（2007）は、＜技術的合理性＞のモデルについて、「科学の理論や技術を厳密に適用する、道具的な問題解決という考え方である」（p.21）と説明している。つまり、与えられた目標を達成するためには、手順化された知識に従って操作的に実践することであるという考え方を指す。また、体系的な知識を身につけた専門家に任せれば、問題解決できるという態度でもある。

【引用・参考文献】

有元典文（1998）「知識の起源は「個人の頭の中」か「状況の中」か」丸野俊一編『心理学の中の論争：(1) 認知心理学における論争』ナカニシヤ出版

ベンヤミン，W.（1995）『近代の意味』筑摩書房（浅井健二郎編訳・久保哲司訳）

ブルーナー，J.（1998）『可能世界の心理』みすず書房（田中一彦訳）

エンゲストローム，Y.（1999）『拡張による学習——活動理論からのアプローチ』新曜社（山住勝広・松下佳代・百合草禎二・保坂裕子・庄井良信・手取善宏・高橋　登訳）

フレイレ，P.（2011）『被抑圧者の教育学』亜紀書房（三砂ちづる訳）

ガーゲン，K.（2004a）『あなたへの社会構成主義』ナカニシヤ出版（東村知子訳）

ガーゲン，K.（2004b）『社会構成主義の理論と実践』ナカニシヤ出版（永田素彦・深尾　誠訳）

グッドマン，N.（1987）『世界制作の方法』みすず書房（菅野盾樹・中村雅之訳）

ホルツマン，L.（2014）『遊ぶヴィゴツキー――生成の心理学へ』新曜社（茂呂雄二訳）

今井康雄（2004）『メディアの教育学：「教育」の再定義のために』東京大学出版会

稲垣　忠・鈴木克明（2015）『授業設計マニュアル Ver2: 教師のためのインストラクショナル
　　デザイン』北大路書房

関西大学初等部6年生（2016）『ナマステ！会いたい友だちと――友情は国境を越える』さ
　　くら社

川床靖子（2013）『空間のエスノグラフィー――文化を横断する』春風社

レイブ，J.・ウェンガー，E.（1993）『状況に埋め込まれた学習――正統的周辺参加』産業図
　　書（佐伯　胖訳）

レオンチェフ，W.（1967）『子どもの精神発達』明治図書（松野　豊・西牟田久雄訳）

マクルーハン，M.（1987）『メディア論――人間の拡張の諸相』みすず書房（栗原　裕・河
　　本仲聖訳）

Mehan, H.（1979）*Learning Lesson: Social Organization in the classroom*. Harvard
　　University Press.

水越　伸（2014）『21世紀メディア論――改訂版』放送大学教育振興会

リッツア，J.（1999）『マクドナルド化する社会』早稲田大学出版部（正岡寛司訳）

ショーン，D.（2007）『省察的実践とは何か――プロフェッショナルの行為と思考』鳳書房（柳
　　沢昌一・三輪建二監訳）

立田慶裕（2014）『キー・コンピテンシーの実践――学び続ける教師のために』明石書店

ヴィトゲンシュタイン，L.（1997）『哲学探究 12 版』大修館書店（藤本隆志訳）

柳　治男（2005）『＜学級＞の歴史学――自明視された空間を疑う』講談社

吉見俊哉（2012）『メディア文化論――メディアを学ぶ人のための15話（改訂版）』有斐閣

ID 理論と
メディア・リテラシー

1. ソーシャルメディア時代以前の「メディア論」実践

　まず、筆者の講義を受けたある学生の文章を読んでいただきたい。ソーシャルメディアという用語が頻繁に使われるようになる前の 1999〜2005 年度にソフトウェアエンジニア (SE) 養成学部の2年生向け専門科目「メディア論」で課していた個人レポートの一節である（鈴木　2004）。

●「長い間考えてきた疑惑が確信に変わった」(亮介)：私は今年でもう、被教育歴が 14 年目になる。長い間、授業だ、講義だと受けさせられながら、ずっと疑問に思うことがあった。こんな風に、講師が、先生が黒板の前に立って、あーだ、こーだと話しつづけても、はたして、どれほどの人が理解し、咀嚼し、そして、発展させていくだろうか、と。決してその全てが無駄なものとは思わない。が、もっと楽しく、効率よく、そして、より実践的な教え方はないものだろうか。授業に出ている生徒のどれほどが同じことを考えているかはわからないが、少しくらいはいてもいいはずである。そして、その中の幾人かは先生や講師や教授になってもおかしくない。なのに、なぜ、皆、通り一遍の方法でしか物事を伝えられないのだろうか。
　先日、鈴木教授が同じようなことを考えていたのだと知って、やはり、教える立場の人も疑問に思っていたのだ、と学んだ。そして、この疑問を少しでも解消できないものかと考える気持ちができた。大袈裟に言えば、人間という個人の資質は幼い頃からの教育によって決まると私は考えている。その教育に、無駄な部分が多いのではないかとも考えている。そして、その無駄な部分をなくす努力をしてみたいという気持ちになったのは私事ながら、とても重要なことである。

この当時筆者の勤務していた学部は、ソフトウェアと情報に特化した専門学部である。「メディア論」も、とりたてて教育におけるメディア利用を扱った講義ではなかった。マスコミのもたらす情報がいかに「編集」されているのかを映像を交えて紹介し、ネットワーク時代の情報表現の可能性や人間自らのメディア化について実演し、語った。学校や大学も「メディア」の1つであるという言い訳のもと、筆者の専門分野（教育工学）に少しだけ踏み込んだ講義の一場面では、この情報過多の時代にあって、漫然と「講義」という形の学びを続けることに疑問を投げかけたこともあった。講義ノートと大量の資料を印刷・配付し、「本日の講義は口頭ではやらない。この資料を読んで、提出用プリントに書かれた問いについて答えて提出すること。この部屋でやってもいいし、外にでてやってもよし。質問には応じる」と突き放した時もあった。また、「自分で調べて Web にまとめて、その所在を掲示板に書き込んで知らせること」という形のレポートを最終試験の代わりに課したことがあった。そして、提出されたレポートの1つが、冒頭の文章を含むものであった。

　80数名の受講生のうち、20名近くが「メディア論」の内容に関するコメントに加えて、「メディア論」での学習体験を振り返ったコメントを寄せてくれた。学校というメディアで長年育まれてきた学習観（学ぶことについての常識）を再点検してくれたことを、とても嬉しく思った。もう1人の学生の文章も、ぜひ読んでいただきたい。

●「モノゴトが分かり始めると楽しい！！」(裕美)：最初は難しそうな問題に立ち向かい、つまらない。しかし、調べていくうちに分かり始め、その問題が楽しくなっている。今回の課題でキーワードを調べていくうちに表面的に難しそうな単語だったりする。意味を調べていくうちに、面白くなったりもする。ここで、この"面白くなったりする"という事が大事なのではないだろうか。基本的に、まず興味を持つことを前提に学問が始まるわけだから。興味を持つことは大小関係ない。自分で学ぶという姿勢が大切なんだと思う。私はまだまだ、学ぶことがたくさんある。興味を持つことから、学んでいこうと思う。

第1節　ソーシャルメディア時代以前の「メディア論」実践

「メディア論」では、15回の講義をマルチメディア・マスメディア・パーソナルメディアに3分割し、それぞれの冒頭で、50〜100語程度の関連用語を示し、「聞いたことがあるものには○（各1点）、他人に説明できるものには◎（各5点）をつけて合計点を算出すること」と指示した課題を出した。そのことに言及したレポートである。「次回までに知らない用語について調べた結果を出典付きで報告すること。個人でやってもグループでやっても構わない。提出は次回講義開始時までに研究室ポストに」という宿題つきであった。合計何点になるまで調べること、という目標値は示さなかったが、結構ムキになってとことん調べてくる学生もいた。もちろん、気になった用語だけちょこっと調べただけの学生もいたがそれは受理し、一方で出典を明記していない場合にはそれを指摘して再提出させた。3回もやると、徐々に要領が分かってくる学生が多いことも見て取れた。

　……そう、君たちは、大学教授になんか頼らなくても、自分たちでどんどん学んでいけるんだよ。たいていのことは本に書いてあるし、インターネットでも検索できるし、「できるヤツ」も周りにいるし。どうしてもわからなくなったら、聞きにおいで。答えを教えずに、本を貸してあげるから。私の役割は、つばを飛ばしながら退屈な話をすることではなくて、君たちに「やること」を与えること。学びのきっかけを与えること。そして、やさしく（厳しく）見守ることなのです。自分の知識を見せびらかして学生から「学ぶ楽しさ」を奪うことではなく、「親切なおじさん」になりたいという願望をじっと我慢して、いじわるして、しかし自力でできたことを一緒に歓ぶ人になることなのです。筆者はそう言いたかった。

　受講生の中には、こんな強者もいた。こういうレポートには、参ってしまう。

　●「鈴木教授は情報操作の鬼を演じた？」（拓也）：「メディア論的にとらえると、講義という大学における学びの形式は、前近代的である。（以下略）」などと言いつつ、やっぱり「大学の講義」的な講義を行う鈴木教授。「自分は講義のスタイルは好かん」などと言って学生たちの共感を得て、堂々とふつうな講義を続け

たニクイひとである（と私は思っている）。哀れな○大学ソフトウェア情報学部の学生たちは、鈴木教授のこのような言霊によって操られることとなってしまったのであります。ある意味、この講義形式全体で「情報操作とかってこういうもんなのだよー。それにはよー気づかんかい、ボケェ」という、鈴木教授から我々学生に対するメッセージだったのではないだろうか？　え？　考えすぎですか？　まあ、こういう解釈しても文句は言えないような講義内容だったからなぁ。

……バレたか。でも、嬉しいです。

この章では、インストラクショナルデザイン理論に基づき、どのようにメディア・リテラシーを育む授業を設計しうるか、大学生を対象とした実践を事例として検討する。

2. インストラクショナルデザイン理論が目指す効果・効率・魅力

インストラクショナルデザイン（Instructional Design : ID）理論の目的は、教育活動の効果・効率・魅力を高めることにある。教育工学研究の成果を効果・効率・魅力を高めるという観点で整理し、手法として提案しているのが ID といえる（鈴木　2005）。教育工学研究は、対象を限定せず幅広く応用できることをその特徴としているため、メディア・リテラシーの領域においても利用することが可能な研究成果が多くある。

（1）教育活動の効果を高める

教育活動の効果を高めるためには、第一に、誰に対してどんな目標達成のための教育を実施するのかを明確にすることが必要である。教育のいわば出入口を明確にする過程をギャップ分析（目標と現状の差分を確定する手法）といい、目標を定めてその到達度を確かめるための評価方法を、ギャップを埋めるためにどのような教育方法を採用するかを考えるよりも先に決めることを重視する。

「メディア論」の課題の１つに用語調べがあったが、調べる前に（何も教わる前に）何を知っていて何を知らないかをチェックして得点化させたのは、ギャッ

プを明確化する意図があった。何点まで到達するように、という最低ラインを定めなかったのは、出口（どこまでやるか）は自分で決めさせるためであった。自分の現状と興味（あるいは他の履修科目に留保しなければならない時間など）を考慮して、「メディア論」の課題に使える時間を自己決定させる意図があった。個人でもチームでもよい、という柔軟な条件も、ギャップの大きさを調節可能にする要素の1つであった。

　教育活動は「学びを支援する」ための環境を整えることに他ならないため、効果的な学習支援を実現するために、学習心理学理論から教育手法を導き出す手法を採用する。ID モデルは、学習者と学習課題、および学習環境の条件が与えられた時に最適な教育方法を提案するものであり、ガニェの9教授事象などが広く知られている（鈴木　1989）。1970 年代のプログラム学習教材の設計を支えた行動主義心理学から、コンピュータとの対比で人の情報処理を考える認知主義心理学、のちに学習者が自らの意味を構築していく過程を重視する構成主義心理学など、ID モデルが依拠する心理学理論も時代とともに拡大している（鈴木　2006：市川・根本　2016）。

（2）教育活動の効率を上げる

　教育活動の効率化とは、コスト効果（対費用効果）を高めることを指す。同じ教育効果を上げるために投入するコスト（人・モノ・金・時間）をなるべく減らして、より安く、より短期間に、そしてより労力をかけずに当初の目標を達成する。そのための工夫を提案するのも、ID の重要な役割である。システム的アプローチを援用して、着実にステップを踏んで良いものを実現する手法（ADDIE モデル：分析・設計・開発・実施・評価の頭文字をとった ID プロセスの一般形）が教科書的である一方で、ラピッド・プロトタイピング手法の応用により開発期間を短縮するモデルもある。

　効率を高めることは、教育者にも学習者にもメリットがある。「メディア論」のレポートで亮介君は「決してその全てが無駄なものとは思わない。が、もっと楽しく、効率よく、そして、より実践的な教え方はないものだろうか」と述

べ、これまで受けた教育の効率の悪さを嘆いていた。「用語調べ」にした意図は今までに聞いたことがある言葉や他人に説明できるほどに知っている言葉が受講生ごとに違うので、自分にとって知らない言葉だけを調べれば効率的だからである。

　用語解説を講義形式でやるとすれば、全員が知らない言葉であれば全員が利するであろうが、そうでなければ退屈な時間が生じてしまう。さらに、用語を各自が調べてくれば、そこをスタート地点としてより高度で応用的な課題などに多くの講義時間を割くことができるようになる。これも効率化であり、近年流行している反転授業・反転学習の考え方につながる実践上の工夫である。

（3）教育活動の魅力を高める

　教育活動の魅力とは、「またやってみたい」と思う気持ちをもたせることを指す。つまり、学習意欲が継続することである。わが国では特に、「できるようにはなる一方で、もうやりたくないと思う」という傾向が強いという問題が指摘されている。このことからみても、教育活動の効果を高める（できるようにはなる）だけでは不十分であり、「できるようになるだけでなく、もっとやってみたくなる」ことを目標に据え、それを実現する設計手法が求められている。ID モデルでは、ケラーの ARCS 動機づけモデルが、関連心理学諸理論を注意・関連性・自信・満足感の 4 要因に分類し、学習意欲を高めるための工夫を過不足なく盛り込む手法として広く知られている（鈴木　1995）。

　「メディア論」の受講生だった裕美さんは、「ここで、この"面白くなったりする"という事が大事なのではないだろうか」という言葉で、この授業に感じた魅力を表現していた。最初は苦痛だが、やっているうちに興味をもつようになり、だんだん面白くなる。同じ情報の収集活動であっても、講義形式の解説を受動的に聞くのではなく、自分で調べる項目を選択し、調べ方を決めて情報を収集する。その主体的な学び方が裕美さんにとっては魅力的だったのだろう。「自分で学ぶという姿勢が大切なんだと思う。私はまだまだ、学ぶことがたくさんある。興味を持つことから、学んでいこうと思う」この気づきは、『メディ

第 2 節　インストラクショナルデザイン理論が目指す効果・効率・魅力　　57

ア論』にとどまらずに、その後の学習にも影響を与えていったのではないだろうか。効果的な教育を実現する手段としての動機づけにとどまらずに、「もっと学びたい」と思って終わることが、ID の目指す成果の1つとしての「魅力」である。

ID モデルや ID 理論は、プログラム学習時代からの研究成果（例えば、学習者検証の原理）を受け継ぎ、教育メディアの効果的な用い方など関連諸科学の学習とコミュニケーションに関する知見を取り入れて発展してきた。基盤となる理論や情報技術環境の変化によって、現在でも様々な ID モデルが提案されている（市川・根本 2016）。ID モデルはまた、すぐれた教育実践から応用可能な設計原理を抽出することによっても発展してきた。教育活動に有効な理論と教育実践とをつなぐ橋渡しの役割を担うのが ID である。メディア状況が目まぐるしく変化する中で目指すべきメディア・リテラシー教育の中身や方法も時代を反映し、あるいは時代を先取りすることが必要であるのと同じように、ID も常に変化しているということができよう。

3. 高次の学習目標に合致した評価方法を採用すること

ID の先駆者の一人ロバート・メーガー（Robert Mager）は、次の3つの質問をすることで、教育活動が目指す学習目標とその評価方法をしっかり定めることの重要性を指摘した。1960 年代初頭のことである（鈴木 2015a）。

① どこに行くのか（Where are you going）？
② たどり着いたかどうかをどうやって知るのか（How do you know when you have arrived）？
③ どうやってそこへ行くのか（How do you get there）？

①の質問は、目的地（出口）はどこか、すなわち学習目標は何か、に当たる。②は評価方法である。①と②は表裏一体であり、両方とも授業の What に当たる。そして③は授業方法、すなわち授業の How to である。授業の目的地（どこへ行くのか）は、何を単位認定の必要条件とするのかを定めることで明確にな

58 ｜ Chapter03 ID 理論とメディア・リテラシー

るが、それはメーガーの質問では②に当たる。IDでは出口のタイプ（学習成果の種類）に応じて評価の方法や学習の方法も異なると考えるので、表3-1を参照してどんな種類の学習成果なのかも合わせて明らかにしておくのがよい。

『メディア論』では、初回に配布したシラバスにおいて、評価については以下のように記述していた。

■評価■この講義では、覚えなければならないことは何もない。よって、試験はない。一方で、この講義では、自分が選んだことについて、「とことん調べて、

表3-1　ガニェの5つの学習成果と出口の明確化（どの種類の学習かで評価方法が異なる）

学習成果	言語情報	知的技能	認知的方略	運動技能	態度
成果の性質	指定されたものを覚える 宣言的知識 再生的学習	規則を未知の事例に適用する力 手続き的知識	自分の学習過程を効果的にする力 学習技能	筋肉を使って体を動かす／コントロールする力	ある物事や状況を選ぼう／避けようとする気持ち
事例 営業職	新製品情報を暗記する	顧客の特徴に応じてセリングトークを使い分ける	新製品情報を効率的に学ぶ	説得的なプレゼンを行う	コンプライアンスを遵守する、守秘義務を守る
事例 技術職	新しい作業手順を覚える	機器をトラブルシューティングする	新しい業務プロセスを効率的に身につける	制限時間内にミスなく加工処理する	ISO14001に従って環境保護的行動を選ぶ
学習成果の分類を示す行為動詞	記述する	区別する 確認する 分類する 例証する 生成する	採用する	実行する	選択する
学習成果の評価	あらかじめ提示された情報の再認または再生 全項目を対象とするか項目の無作為抽出を行う	未知の例に適用させる：規則自体の再生ではない 課題の全タイプから出題し適用できる範囲を確認する	学習の結果より過程に適用される 学習過程の観察や自己描写レポートなどを用いる	実演させる：やり方の知識と実現する力は違うリストを活用し正確さ、速さ、スムーズさをチェック	行動の観察または行動意図の表明をする場を設定する。一般論でなく個人的な選択行動を扱う

注：鈴木（2015b：107）の表5-2を再掲した。

第3節　高次の学習目標に合致した評価方法を採用すること　59

深く考えたなぁ」という満足感を得てもらいたい。その結果として、試験はな
くても結構物知りになってしまうはずである。次に示すもので評価する。（以下、
詳細は章末の図3-1を参照のこと）

　「覚えることは何もない」ので「試験はない」。これは表3-1に示す分類に
当てはめれば、最左列の「言語情報」に相当する学習目標は掲げない、という
宣言になる。先に紹介した用語調査課題では、それぞれのメディア関連基礎用
語を調べてくることを求めたが、それらを記憶して試験で答えられるようにな
ることは求めない、ということを伝えたものである。たいていの知識はインター
ネットで調べればすぐにわかる時代である。そんな時代に何かを覚えて試験を
受けろ、というのは似合わないですよね、というメッセージを伝える意図もあっ
た。

　「とことん調べて、深く考えたなぁ」の部分を評価するのは、レポート課題（個
人・グループ）であり、表3-1では「知的技能」に該当する。レポート課題（個
人）は、この講義からの収穫だと思った事項を主観的に選んでそれがなぜ収穫
だと思うかを説明する省察問題である。「深く考える」ためには、自分自身に
起きた変化を外側から観察することを求める省察問題が適していると考えたた
めである。一方のレポート課題（グループ）は、シラバス配付時には「追って
知らせる」となっていたが、表3-2に示す3つから1つを選択して電子的な
レポートを作成する課題であった。いずれも「とことん調べる」ことを求める
応用問題に該当するものとして用意したものである。

　暗記に留まらず、より高いレベルの学習目標を掲げるのであれば、それにふ
さわしい評価方法を準備する必要がある。IDの原則に従って、メーガーの3
つの質問の①（目標）と②（評価）を合致させようとした試みであったといえよう。

60　　Chapter03　ID理論とメディア・リテラシー

表3-2 『メディア論』グループ課題の詳細

グループ作品（40%）

以下に詳しく説明する。力作を期待する。

次の３つから１つを選択することとする。提出にあたってはメディア論グループ作品 URL 報告用掲示板の記事番号１の指示に従うこと。

3-1. グループ作品「メディア論のポータルサイトをつくる」

グループ（１～３人で任意に構成）で協議・分担して、「メディア論」のある回（あるいはある回で取り上げられたトピック）をグループで１つ取り上げ、その事柄についてより深く学びたい人のための「ポータルサイト」を作成する。ポータルサイトは、解説付きのリンク集を含めることとし、より深く学ぶために有用な情報への入り口として整備すること。ポータルサイトを利用する人にとって、利用しやすく、かつ幅広い情報へのアクセスが可能になっているかどうかを評価の対象とする。誰がどの部分を担当したかを明記すること。未完成のポータルサイトの例が、http://www.anna.iwate-pu.ac.jp/~ksuzuki/media/portal4.html にある（この程度では高得点は望めない、という例）。

3-2. グループ作品「メディア論の＜あの言葉＞を極める」

グループ（１～３人で任意に構成）で協議・分担して、「メディア論」のある回で取り上げられたトピックまたはキーワードで、「もっと調べてみたい」と思ったことをグループで１つ取り上げ、とことん調べて電子レポート（HTML 形式）を作成する。調べたものを掲載する時は、引用のルールを守り、参考文献を明示することが求められる。レポートの構成と内容（講義で取り上げなかったことをどこまで調べたか＝鈴木にとっての新しい発見があるか）を主に評価する。誰がどの部分を担当したかを明記すること。

3-3. グループ作品「メディア論に関する本の紹介」

グループ（１～３人で任意に構成）で協議・分担して、「メディア論」に関連する本を１冊読破し、その概要をまとめるとともに感想やコメント、参考となる事柄へのリンクなどを実装した電子レポート（HTML 形式）を作成する。引用のルールを守り、参考文献を明示すること。誰がどの部分を担当したかを明記すること。

---

4. 学習目標に合致した授業方法を採用すること

メーガーの３つの質問のうち残された第３の問いは、「どうやってそこにたどり着くのか」、すなわち教育の方法についてである。主体的に調べる力をつけることを目標にして、調べた結果を報告するレポート課題で合否を評価する授業であれば、授業の方法としても能動的なやり方を採用し、目標・評価と授業方法を合致させる必要がある。一方で、大学の専門科目であるからできるだけ広範な知識を理解させるのが肝要だと考えれば、応用力ではなく基礎的な知識の理解を学習目標に掲げて、持ち込みなしの筆記試験で理解度をチェックす

ることになる。後者であれば、詰め込み型の講義形式がその授業にふさわしい方法となるだろう。IDでは、学習目標と評価方法と授業方法の3つを合致させることを設計の基本方針として授業を組み立てていく。ある特定の授業のやり方が万能であると考えずに、目指すものが異なれば最適な方法も異なると考えるからである。

「メディア論」では「電子メディア時代にふさわしい学び方でメディア・リテラシーを身につける」ことを目指していた。「メディア・リテラシーを身につける」ことの中に、それが何かを理解するために歴史的な出来事に精通するだけでなく、「身近な事象の解釈に応用すること」や「自ら新しい情報を発信すること」などが含まれるとすれば詰め込み式の講義でその目標を達成することは困難であるといわざるをえない。

応用力を身につけるためには、ある概念やルールを何かに応用した事例を示すことと、その事例とは異なる別事例に同じ概念やルールを応用する練習を重ねることが有効であることが知られている。講義形式では、何かに応用した事例を示すことは可能であるが、その事例とは異なるもう1つの別事例に応用する練習をさせることは困難である。講義形式ではない別のやり方、例えば、グループで異なる事例に応用する練習をしてその結果を互いに共有したり、あるいはその準備段階として個々の学習者が自分なりの案を検討したりしてグループワークに臨むなどの工夫が有効である。

「電子メディア時代にふさわしい学び方で」という点についてはどうだろうか。学習ツールとして使えるようになった方法を積極的に採用し、「こういう学び方もあるんだ」という経験をしてもらう。例えば、「メディア論」では、毎回の講義のコメントを科目Webサイト上の掲示板に書き込んで共有するという方式を採用していた（章末の図3-1の評価の観点2）。従来からシャトルカードや大福帳という名称で毎回の講義コメントを紙に書いてもらって回収し、それを次の時間に返却し、フィードバックするという講義の双方向化は試みられてきた。それを電子化して、書き込むと同時に科目受講者はもとより全世界に発信されていく様子を体験させてみたわけである（希望者には匿名の利用を許可し

て TA が誰のニックネームかを把握していた）。そういう時代に生きていることを体験させ、メディアとの付き合い方を会得させるというねらいもあった。

　筆者は、旧態依然とした情報垂れ流し型の e-learning からの脱皮を図るための e-learning 活用法として、表3 - 3に示す5つの要素を提案した（鈴木2013）。e-learning の現状を批判的に捉え、そうならないように e-learning 専門家を養成するための大学院を設計・運用した経験を踏まえてまとめたものである。教師が、「電子メディア時代にふさわしい学び方」を授業に取り入れる際、参考にすることができると考えている。

　メディア環境の変化が大学での教え方にも影響を及ぼしてきたことを、ID 研究者であり実践者でもあるリーサーは、筆者のインタビューに答えて次のように述懐している（鈴木　2006：95）。

　　教室での教え方はこの15年ほどで劇的なまでに変わってきている。昔は、私がリードしたクラス全体での討議が多かった。今はグループ活動を多用している。文献を読んで研究課題に答える宿題を出し、グループ討論の後で発表し合う。科目ごとの Web サイトは課題告知だけでなく質問の答えをサイトに掲載したり、発表に対して反応を述べたりと多くの使い道がある。
　　第一線で活躍しているゲストにテレビ会議などで参加してもらっている。遠隔学習の話をするときは、教室で顔をあわせて授業をする代わりに、実際に離れた場所にいる人から教わる。私自身もとても楽しいし、最新のトレンドについて、体験的に学ぶチャンスだからね。

　ID についての授業での教え方がメディア環境の変化に伴い変わってきた。その背景には、メディア環境の変化を体感できるような教え方を積極的に採用しようと試みてきたリーサーのような実践者の工夫があった。このことは、メディア・リテラシーを教える授業においても、ID の授業と同様に、あるいはそれ以上に、意識する必要がある点ではないかと思う。それは、フレーム越しに外から傍観していて学べることと、自らがメディア環境の中での学びを経験し、その体験を踏まえて省察することで学べることは同じではないと考えるためである。教育方法を教える授業のやり方、すなわち教育方法の理解を深める

表 3-3　e-learning の 5 つの活用法（鈴木　2013）

5 つの活用法	特徴と使い方
1．ネタ探し 教員が授業を組み立てる上で参考になるネタをインターネット上から探すこと	科目で扱っているキーワードをもとに検索し、受講者にとって興味深いと思われるものや学習の手助けになりそうな有用な情報を見つける。探したものを授業で受講者に紹介したり、また、課題の一部として閲覧させたりすることにより、教室からサイバー空間に研修を開き、最新の状態を保つことが可能になる。MOOC 等の公開講座を活用して授業担当者としてはより省力化し、個別の受講者相手の相談・助言などに時間を確保する。
2．リンク集 有用な情報源をリストした学習者用 Web サイトの一覧。ポータルサイトともいう	Web 上の情報を紹介するだけでなく、受講者が課題の一環として閲覧し、そこから情報を収集させてまとめてレポートさせることなどに使う。前年度までの受講者が積み上げた「リンク集」を使って情報収集をする課題を設けたり、「役立ちサイト情報」増殖計画と題してリンク集を更新・拡張していく。常に最新情報をウォッチし、その成果を組織内に共有するという習慣を身につけてもらうためにも有効。
3．確認クイズ 授業で扱う基礎知識や応用力を確認するために設けるクイズ形式の練習問題	e-learning に用いる多くの学習管理システム（LMS）には標準で装備されている機能であり、多肢選択方式（単数・複数の正解指定が可能）や正誤方式、穴埋め方式（語群あり・なしの選択が可能）、あるいは並び替え方式などの自動採点が可能なクイズは、担当者の労力をあまりかけずに教育効果を高める手法として有効。一度、問題と正解を含む選択肢、並びに解説を準備しておけば、受講者が何人であろうと、誰が何回チャレンジして点数がどう伸びたかが自動的に記録される機能が標準で用意されている。個々の受講者が自分で達成度を確認しながら自習することができるので、自己管理学習のためのツールとしても有効。
4．掲示板 受講者が自分の意見を自由記述方式で述べてそれを共有するツールであり、応用力の強化や共同的な学習を可能にする便利な機能	ディスカッションボードあるいはフォーラムとも呼ばれ、基本機能の一つとしてどの LMS でも使うことができる。自己紹介や質問、あるいは単なる感想や意見を述べ合うことだけでなく、あるテーマについてのレポートや企画書を相互に推敲するなど、用途は様々。ファイル添付機能や投稿に対しての反論や相互コメントを書き込むために「返信」機能も便利。正解が定まっている事項については、確認クイズによる自動採点・記録がふさわしい一方で、受講者によって投稿する内容が異なる課題には掲示板を用いるのがよい。基礎知識は確認クイズで確認し、その上でより発展的な内容を掲示板で扱うと、基礎学習から応用学習までを幅広く支援する e ラーニング環境が構築できる。
5．ポートフォリオ 「紙挟み」を意味し、建築家やデザイナーが自分の代表作品をファイルに収めて持ち歩き、自己アピールのために使うもの。学習過程では成果を見える化して省察する効果もある	芸術作品に限らず、一般の学習成果も同様に集積し、公開できるようにする評価手法として活用例が増えており、Moodle に対して Mahara のようなポートフォリオ専用システムもある。もしも授業のねらいが、確認クイズのような自動採点で評価できる客観的知識の理解と定着にあるとすれば、ポートフォリオは不要。毎年同じ試験問題が出され、その問題と回答を公開すると困る場合には、ポートフォリオは不向き。一方で、毎年同じ試験問題であっても、受講者ごとの回答が異なり、それを参考にしても不正行為が成立しないレベルでの応用力を育成することにねらいがあるのであれば、ポートフォリオが適切なツールになる。

注：鈴木（2013）を表形式にした

ことが学習目標でもありその目標を達成するための手段でもある場合には、おのずと採用する教え方に意識が向く。それと同様に、メディア・リテラシーの育成を目指す教育においてどのような形でどんなメディアを用いるのか、についても二重の意味での工夫が求められているといえよう。

5. ソーシャルメディア時代における「メディア論」改訂案

本章では、ID の基本的な考え方を「メディア論」を例にとりながら解説してきた。ID の目指すことは教育活動の効果・効率・魅力を高めることであり、その主たる方法論は、学習目標と評価方法と授業方法を一致させるというメーガーの 3 つの質問にさかのぼることができることを述べた。筆者のような教育方法の科目担当者が自ら採用する教育方法に自覚的にならざるを得ないことと同様に、メディア・リテラシーを教える際のメディアの活用方法についても工夫が求められていることを指摘した。

本章の締めくくりに、ソーシャルメディア時代といわれる現在、かつて展開していた「メディア論」をもし再び担当することになったらどうするだろうかについて、少し考えてみたいと思う。

まずは、「メディア論」の射程をマルチ・マス・パーソナルメディアの 3 つに分けることを続けるか、それとも新たにソーシャルメディアを加えて 4 区分にするかを検討するだろう。ソーシャルメディアはパーソナルメディアの延長線上に展開したものとみなして最後の区分名称を変更することもできるし、自分自身のメディア化の進展をパーソナルとして残し、それとの比較によって全く異質の社会的な機能を強調することもできよう。もはや歴史上の用語として扱われるようになった感がある「マルチメディア」の看板も掛けかえる必要があるかもしれない。また、「メディア論」が SE 養成学部の専門科目であるという前提を継続するのであれば、現在の SE（候補生）が知っておくべきメディア論とは何か、という観点からの再検討も必要となるだろう。

次に、用語リストの中身を見直すだろう。用語リストを見直す中で、3 区分

第 5 節　ソーシャルメディア時代における「メディア論」改訂案　65

か4区分かの答が出るかもしれない。一方で、用語調べ活動の宿題は継続する
だろう。ソーシャルメディア時代になっても、キーワードを自分で調べるとい
う検索活動の意義は依然大きい。出典を明記させること、最低基準の合計点を
設けないこと、グループ作業か個人作業かを選択させることなども継続してよ
いだろう。

　このことに加えて、それぞれの用語が正しく理解できているかどうかを確認
するための多肢選択型クイズを新設してもよい（表3-3の3、確認クイズを参照）。
これは当時に比べて一般化した学習管理システム（LMS）の標準機能を使えば
簡単に準備できるし、ランダム出題機能を使って10問程度ずつ出題すれば、
結構楽しんで取り組める課題になる（全問正解するまで頑張ってしまうという光景も
期待できる）。これは用語調べ課題と同様に、評価基準2「講義コメント（30％）」
の一部に組み入れるか、あるいは任意課題として加点の対象とするのもいいか
もしれない。メディア環境が発展して、すぐに使えるツールが増えたのだから、
それを活用して学びをより多方面から支援するためのアイディアとして使えそ
うである。

　単位取得のための評価方法については、「この講義では、覚えなければなら
ないことは何もない。よって、試験はない」という基本線は変えないだろう。「こ
の講義では、自分が選んだことについて、『とことん調べて、深く考えたなぁ』
という満足感を得てもらいたい」との思いも変わらないので、レポート課題（個
人・グループ）も継続する。ただし、レポートの評価については、ソーシャルな
要素を入れてもよい。例えば、グループで提出したレポート課題について、
LMSの掲示板機能（表3-3の4、掲示板機能を参照）やアンケート機能などを活用
して相互点検・評価させ、互いのレポートを閲覧して刺激を与えあうことを加
えてもよい。ソーシャルなメディアの発展を授業方法に取り入れる工夫として、
何らかの仕組みを導入することを検討するだろう。

　講義の中で取り上げる話題も、全面的に入れ替えて、現在進行形の事例に可
能な限り置き換えるだろう。ネタは旬なものでなければならない。もちろん過
去において旬であったものの歴史的価値が強調されるという意味で、「古典」

として取り上げ続けるネタがあってもよい。一方で、「メディア論」の看板を掲げる以上は、「いま・ここ」で生起しているネタをふんだんに取り入れることは不可欠である。そのためには、まず「メディア論」を担当しなくなってから10年間の間に錆びついた科目担当者としての時代感覚を磨きなおすことからはじめなければならない。動く標的を扱う科目の担当者は、時代と同時に動き続けることを休むわけにはいかないので苦労は絶えないが、それが教えることに新鮮さを失わないための秘訣でもある。

(鈴木　克明)

【引用・参考文献】

市川　尚・根本淳子（編著）鈴木克明（監修）（2016）『インストラクショナルデザインの道具箱101』北大路書房

鈴木克明（1989）「テレビ番組による外国語教育を補うドリル型 CAI の構築について」『放送教育研究』17, pp.21-37

鈴木克明（1995）「『魅力ある教材』設計・開発の枠組みについて—— ARCS 動機づけモデルを中心に」『教育メディア研究』1（1）, pp.50-61

鈴木克明（2004）「e ラーニングと情報社会」鈴木克明編『e ラーニングファンダメンタルテキスト』日本イーラーニングコンソシアム　http://www.gsis. kumamoto-u.ac.jp/opencourses/iel/contents/013/eLF2003t221.pdf

鈴木克明（2005）「〔総説〕e-Learning 実践のためのインストラクショナル・デザイン」『日本教育工学会誌　特集号：実践段階の e-Learning』29（3）, pp.197-205

鈴木克明（2006）「システム的アプローチと学習心理学に基づく ID」野嶋栄一郎・鈴木克明・吉田　文編『人間情報科学と e ラーニング』放送大学教育振興会, pp.91-103

鈴木克明（2013）「e ラーニング活用による教授法の再構築に向けて」『工学教育』61（3）pp.14-18

鈴木克明（2015a）「インストラクショナルデザインとは何か」稲垣　忠・鈴木克明（編著）『授業設計マニュアル——教師のためのインストラクショナルデザイン Ver.2』北大路書房, pp.13-26

鈴木克明（2015b）『研修設計マニュアル——人材育成のためのインストラクショナルデザイン』北大路書房

「メディア論」講義概要

岩手県立大学ソフトウェア情報学部
2005 年前期（水・3）
担当：鈴木克明（ksuzuki@soft.iwate-pu.ac.jp）

■授業の目標（シラバスより）■

　人間の社会生活におけるメディアの影響や役割をふまえ、高度情報化社会における情報基盤としての電子メディア、マルチメディアに対する理解を深めることを目的とする。コンピュータの専門家になる人としてメディアについての学びを深め、電子メディア時代にふさわしい学び方でメディア・リテラシーを身につける。

■目標の具体的な項目（シラバスより）■

　高度情報化社会における情報基盤としての電子メディアの役割を理解させるため、電子メディアの変遷、電子メディアとヒューマンコミュニケーション、電子メディアの社会に及ぼす影響およびマルチメディアの利用形態などを講義し、将来のマルチメディア社会を展望する。

■担当者からのメッセージ■

　講義は口頭伝承メディア。大学は知識伝達メディア。コンピュータは計算機からデータ処理装置を経てメディアになった。大学生（元メディア・キッズ？）として、またコンピュータの専門家になる人として、「メディアとは何か」についての学びを深めてほしい。電子メディア時代にふさわしい学び方で、メディア・リテラシーを身につけるために。

■評価■

　この講義では、覚えなければならないことは何もない。よって、試験はない。一方で、この講義では、自分が選んだことについて、「とことん調べて、深く考えたなぁ。」という満足感を得てもらいたい。その結果として、試験はなくても結構物知りになってしまうはずである。次に示すもので評価する。

1．個人レポート（30%）

　レポート課題：この講義で学んだことを3つ述べよ。（この講義を通して、自分にとって何がためになったかを振り返り、自分にとっての重要度の順に3つのことを取り上げ、「それが何か」を簡単に解説し、「なぜ重要だと思ったのか」を説明すること。この講義に関連していることという範囲のなかにあれば、何を取り上げるかは主観的な重要度順に委ね、評価の対象としない。字数制限なし。期限8／12。提出方法は追って知らせる。）

2．講義コメント（30%）

　毎回の講義に対しての感想、質問、意見などを提出する（ミニ課題への回答を含む）。
コメント用掲示板は鈴木研 Web サイトにある（http://www.et.soft.iwate-pu.ac.jp/）。

3．グループ作品（40%）

追って知らせる。

　　　【昨年度までの実績は鈴木研 Web サイトから過去のメディア論ページを参照のこと】

■講義予定（暫定）■

　4／13　　メディアについて学ぶということ～メディア論序説～
　4／20　　メディアとは何か
　4／27　　マルチメディアとは何か
　5／11　　社会問題としてのインターネット
　5／18　　ネティズンの条件～情報リテラシーをもつ

図 3-1　「メディア論」講義概要

68　　Chapter03　ID 理論とメディア・リテラシー

5／25	マスメディアとは何か
6／01	編集〜やらせと中立公正
6／08	騙されにくい人になる〜メディア・リテラシーをもつ
6／15	パーソナルメディアとは何か？
6／22	表現することと携帯すること
6／29	視る＝視られるの関係変化
7／06	ディジタル・メディア社会での学び〜メディア論あとがき〜
7／13	メディア論のキーワードを探る（1）
7／20	メディア論のキーワードを探る（2）

■**テキスト**■　なし（講義用の Web サイトで必要な情報を提供する予定）

■**参考文献（一部の書籍のみ）**■

井上　俊　他（編）（1995）『メディアと情報化の社会学』岩波書店

井上輝夫・梅垣理郎（編）（1998）『メディアが変わる　知が変わる』有斐閣

金澤寛太郎（1997）『現代のメディア環境』学文社

佐藤卓己（1998）『現代メディア史』岩波書店

武色光裕（編）（1998）『メディアの遺伝子』昭和堂

成田康昭（1997）『メディア空間文化論』有信堂

吉見俊哉・水越　伸（1997）『メディア論』放送大学教育振興会

■**メディア論を語るキーワード（一部）**■

複製技術　口述筆記　活版印刷技術　グーテンベルク　産業革命　一回性　場所性　大学出来事性　グローバルビレッジ　「メディアはマッサージである」　マルチメディア　　対抗文化　「第3の波」　情報リテラシー　ネティズン　情報格差　FCC　公正の原則　品位法　新聞　ラジオ　テレビ　写真　銃　NTSC　「三種の神器」　国民化メディア　　第4の権力　欲望の創出装置　やらせ　疑似イベント　ビデオ・ジャーナリスト　編集　メディア・リテラシー　議題設定機能　沈黙の螺旋仮説　カラオケ　ポケベル　モニタ機能コンピュータゲーム　携帯電話　電話放送　伝言ダイヤル　オフトーク通信　身体性

新教科としての
メディア・リテラシー教育

　現代の日本の公教育では、「メディア・リテラシー」について、高等学校では教科「情報」の中で、中学校では「社会科公民的分野」や「技術・家庭」の中で指導されることがあるが、まだまだ取り扱いは少ない。小学校においては学習指導要領に「情報」が教科として取り扱われていないため、メディア・リテラシーを育成する指導はさらに少ない（浅井　2011）。

　そのような現状の下、京都教育大学附属桃山小学校では、小学生にメディア・リテラシーを系統的に育成する新教科「メディア・コミュニケーション科（以下 MC）」を開発した。様々な形態のメディアがあふれる現代社会において、メディアなしにコミュニケーションを考えることは難しく、逆に相手との円滑なコミュニケーションを行うためには、戦略的なメディアの活用が必要であると考え、メディア・リテラシーの能力を育成できる新教科を創設することにした。

1. 新教科における子どもの学びの姿

　新教科「MC」における子どもとメディアの出会いや学びの流れをイメージ化したものが、図4-1である。

　疑問や課題と出会い、メディアを活用して主体的に情報を収集し、比較・整理・分析をしながら批判的に捉え、自らの考えを構築して、発信・表現し、討議を通して、さらに考えを深めていく。

　この一連の活動の中で、メディアを効果的に活用し相手の考えを共感的に理解しながら、自らの考えを深め、発信するというスパイラルな学びを一連の課題解決学習の中で展開したいと考えた。これら一連の学びを子どものもつ疑問

や課題からはじめるようにしたのは、附属桃山小学校の理念でもある「子どもの側から教育を発想する」ことを、この新教科「MC」にも求めたためである。

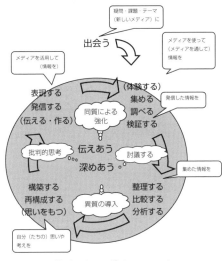

図4-1　学びのイメージ（山川　2013）

2. 次代を担う子どもにつけたい力

次代を担う子ども達にとってどのような学びが必要であるのか、情報社会を生きるために必要な力とは何かについて校内で議論した。SNS等の新しいメディアの出現によって、次代を担う子どもたちに必要とされる力も変化してきているからである。その結果、以下の5点が新教科「MC」で「つけたい力」であると考えた（図4-2も合わせて参照）。

- 相手を意識する力 ⇒ 相手の存在を意識し、その立場や状況を考える力
- メディアや情報を選ぶ力 ⇒ メディアのもつ特性を理解し、必要に応じて得られた情報を取捨選択する力
- 批判的に思考する力 ⇒ 批判的に情報を読み解き、分析的に思考する力
- 目的に合わせてメディアを活用する力 ⇒ 情報を整理し、目的に応じてメディアを活用する力
- 責任をもって発信する力 ⇒ メディアや情報が社会に与える影響を理解し、責任をもって適切な発信表現ができる力

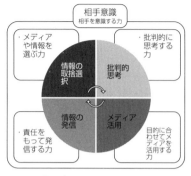

図4-2 「MC」でつけたい力（山川ら 2013）

子ども達が、メディアを通した一連の学びを行う中で、これまで「メディア・リテラシー」といわれている力を育むことを大切にしながら、「MC」では「相手を意識する力」を強調して、育成することに決めた。誰からの情報か、どのような情報を受け取ったのか、このメディアを使うと、どのように相手に伝わるのか等、情報の収集・思考の整理・情報の発信と、すべての場において、メディアを通した「相手」を意識することで、情報の価値や、メディア活用の意図を自ら考えていくことができる力が子どもに育まれると考えたのである。

3. カリキュラム開発の概要

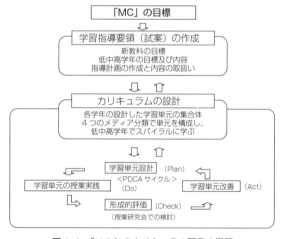

図4-3 「MC」のカリキュラム開発の概要

Chapter04　新教科としてのメディア・リテラシー教育

（1）カリキュラムの設計

「カリキュラムの設計」は、まず各学年で「学習単元を設計」する。それを、学習指導要領（試案）の目標と内容を基に設計されているかを常に検討するとともに、設計した学習単元を授業検討会等で形成的評価を行う等の PDCA サイクルの段階を経て改善していった。単元による「学ぶべき事項」の検討を行いながら「指導と評価の一体化」の実践を重ね、確認・確立してきた。

1 年目にカリキュラムの原案を作成し、2 年目・3 年目に、図 4-3 のように、学習単元の設計、授業実践、形成的評価、改善の PDCA サイクルを、各学年で 3 回繰り返した。3 年目の 2013 年度には、長期的に、メディア・リテラシーを系統的に学ぶことができるように各学年 3 個から 4 個の合計 19 学習単元のカリキュラム設計を行うことができた。

（2）学習指導要領（試案）の作成

「MC」は、文部科学省より研究開発することを認められたメディア・リテラシーについて学ぶ新教科である。子ども達を取り巻くメディア社会の状況や本校児童の実態を考慮して「学習指導要領（試案）」を他教科の学習指導要領に準じて作成した。作成した「学習指導要領（試案）」には、第一に、前述の「MC」の目標を挙げた。そして、第二に「各学年の目標と内容」を 1・2 年、3・4 年、5・6 年ごとに示した。そして、第三に、「指導計画の作成と内容の取扱い」について示した。その内容の中には、評価の観点も提示した。

（3）新教科「MC」の目標

子どもの実態や、現在のメディア状況、新教科でつけたい力等の様々な検討を基に、新教科「MC」の目標を以下のように設定し、学習指導要領（試案）に明記した。

「社会生活の中から生まれる疑問や課題に対し、メディアの特性を理解した上で情報を収集し、批判的に読み解き、整理しながら自らの考えを構築し、相手を意識しながら発信できる能力と、考えを伝えあい、深めあおうとする態度を育てる」

（4）「MC」の評価の観点

　評価の観点は、他教科とは異なる設定を行った。他教科では、「関心・意欲・態度」「技能」「思考・判断・表現」「知識・理解」の4観点で評価している。しかし、「MC」においては、メディアを活用する時に、「知識・理解」と「技能」の両方がないと評価ができないので、合わせて3つ目の観点とし、「関心・意欲・態度」「思考・判断・表現」「知識・理解・技能」という表4-1に示す3観点とした。

　他教科同様、「思考・判断」の観点は、目に見えない子どもの「思考」を扱うこととなり、単純にプリントや発言で見取ることは非常に困難である。そのため、「思考」し「判断」した結果が「表現」されるという立場に立ち、表現されたもの（成果物や表現物等）を見ながらも、その過程における子ども達の「学

表4-1　学習評価の観点及びその趣旨（京都教育大学附属桃山小学校　2013）

観　点	趣　　旨
メディア活用への関心・意欲・態度	メディアの特長や役割に関心を持ち、社会生活の中から生まれる疑問や課題を解決するためにすすんでメディアを活用し、互いの考えを伝えあい、深めあおうとする。
メディア活用の思考・判断・表現	社会生活の中から疑問や課題を見いだし、メディアを活用して調べたり、批判的に読み解いたりしながら、自らの考えを構築するとともに、メディアの特性と伝える相手を意識し、メディアを選択・活用して適切に表現している。
メディア活用に関する知識・理解・技能	メディアの長短所を理解し、活用するために必要な基礎的な知識と技能を身に付けている。また、メディアが社会や相手に与える影響を理解し、情報をやり取りする上での基本的なルールやマナーを身に付けている。

びの姿」を捉え、評価することとした。

「MC」の評価において注意すべき点は、メディアを活用して自らの考えを「表現」していくためには、そのメディアを活用していくための基本的な「技能」や社会のルールといった「知識」が求められるという点である。そのため、「思考し、判断した結果として現れる表現（物）」は「メディア活用についての思考・判断・表現」で、それに伴って必要と考えられる「メディア操作の技能」は「メディア活用に関する知識・理解・技能」で評価することとした。なお、メディアに関する知識や操作技能は、情報を集めたり、自らの考えを表現したりするために必要な手段でしかなく、機器操作のみで完結するものではない。ただ単純にICT機器を使いこなす技能を評価するのではなく、基本的なマナーや機器を取り扱う上で必要となる知識とともに、その知識を使った技能をみていくの

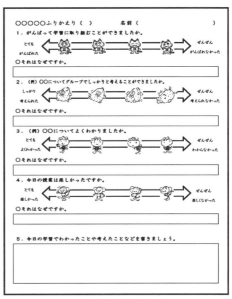

図4-4　ふりかえりシートと評価（ペーパー）テスト

である。そのため、「評価の観点及びその趣旨」の観点については、一体的に指導されるものであるという点に留意するようにした。

　「MC」では、子どもたちの学びの実態を、教員が観察するとともに、パフォーマンス評価やポートフォリオで評価するようにしている。さらに、図4-4のような授業後の子どもたちのふりかえりシートや自己評価、そしてアンケート調査の結果やペーパーテスト等で、総合的に評価を行っている。ペーパーテストは、各学年で作成しているが、学んだことを確認するという目的が主となっているので、点数と評価とは直結するものではない。

4. メディア形態の分類

　「メディア」は、一般的に「媒体」と訳されているが、広義の意味をもっているものである。教科を新設するにあたり、「MC」における「メディア」について以下のように定義を定めた。

・主としてコミュニケーションをはかるために必要とされる道具や機器
・コミュニケーションの根幹たる言語的または身体的な表現

　これらは、子ども達の日々の生活の中で特に密接に関係してくると考えられるので、それぞれのメディアについて、どのような場面で使われているか、そのメディアを使うことでどのような効果が得られるのか、またそのメディアを扱うことで情報がどれほど正確に伝わるか等を、実際に見たり、聞いたりする活動を通して理解していくことで、日々の生活の中で何気なく見たり聞いたりしているメディアとの関係を改めて考えることが大切である。また、メディアにのせて伝えられる情報そのものの価値についても、自らの考えと対峙させながら捉えていくことができるようになると考えられる。なお、教科名の「メディア・コミュニケーション科」も、メディアとコミュニケーションは一体のものであり、分けて考えることはできないためこのように定めた。

　「MC」では、現在のメディアの使い方のみを学ばせるのではなく、子ども達が大人になった時に必要となる力を想定し、特性等を学ばせるメディア形態

76 　Chapter04　新教科としてのメディア・リテラシー教育

表4-2 4つのメディア形態分類表（京都教育大学附属桃山小学校 2012）

メディア形態	内容
(1) 対面系	スピーチ等の対面的な発表を行う活動 （プレゼンに向けたスライド制作・プレゼン・スピーチ・演劇等）
(2) プリント系	主に紙面を媒体として情報のやり取りを行う活動 （新聞・雑誌・パンフ・ポスター・絵本等）
(3) 動画・音声系	主に音声や映像を媒体として情報のやり取りを行う活動 （テレビ番組・ビデオレター・公共広告ＣＭ・映画・クレイアニメ等）
(4) 情報通信系	主に情報通信ツールを媒体として情報のやり取りを行う活動 （Web制作・ケータイ活用・SNS等）

を表4-2のように「(1) 対面系」「(2) プリント系」「(3) 動画・音声系」「(4) 情報通信系」という4つに分類し、カリキュラム作成時の参考にすることにした。

なお、新教科「MC」では「メディア・コミュニケーション」という名称から、「相手意識」を特に重要視している。それは、相手とのコミュニケーションを前提とした情報の適切な活用が何よりも大切であると考えたからである。「MC」

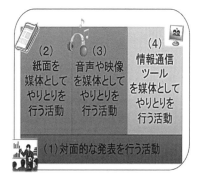

図4-5 「MC」カリキュラムイメージ（山川ら 2013）を一部改変

では、メディアの先にいる「人」のことを考え、メディアを通した相手からの発信を批判的に読み解き、自らの考えを構築しながら受け手がどのように思うかを考えて発信・表現を行っていく、という一連の学びを行う。その一連の学びを行うために、「MC」の学習内容については世の中の様々なメディアにスポットを当て、4つに分類し、各々の特性に応じた学びを展開できるようにした。

図4-5で、(1) が (2)・(3)・(4) の底面にあるのは、対面的な発表を行う活動が、それ以外の形態のメディアを取り扱った活動の根幹を担うものとなるため、必ず各学年で取り組むようにしたからである。(2)・(3)・(4) は、2学

第4節 メディア形態の分類

年を通して網羅しながら学ぶことができるよう設定した。

5. 開発したカリキュラムの実践事例

（1）授業作りのヒント

　新教科のカリキュラムを作成する初年度の2011年には、表4-3の具体例を提案した。これは、各学年の発達段階に即した「MC」の授業作りのヒントとなる主な活動内容や具体的にメディアをどのように活用して学ばせると良いか例示したものである。前頁の図4-5のカリキュラムのイメージや表4-2の「MC」でのメディア形態とこの表4-3の具体例を基に、授業を考案し、PDCAサイクルで各学年のカリキュラムを開発した。

表4-3　授業作りのヒントと具体例

	ヒントとなる主な活動内容	具体的なメディアと使用例
低学年	・メディアを体験する ・相手の話を正確に聞く ・相手に伝わるように話す ・めあてをもって話し合う	・デジタルカメラで写真や動画を撮る ・テレビ番組を見る ・タッチパッドを使って文字を打つ ・お絵かきソフトを使う ・インターネットを使う
中学年	・メディアの機能や効果的な表現方法をさらに知る ・メディアの長短所を知る ・情報や意見を整理する ・情報を比較する ・主に学校内の相手を意識して発信する	・写真を拡大・縮小する ・キーボードを使って文字を打つ ・インターネットで検索する ・新聞やポスターを読み取る ・タブレット端末を活用する
高学年	・メディアを意識的に選択し、活用を工夫する ・情報や意見を分析し、多面的にとらえる ・討議的に議論を行い、課題を解決する ・学校内外・地域社会を意識して発信する	・ワープロソフトや画像取り込みを活用する ・録音・録画・動画の編集を行う ・プレゼンテーションソフトを活用する ・新聞・ニュース・ネットの情報を活用する ・SNSの校内試行を行う

（2）「MC」科カリキュラム（単元一覧表）

以下に、「MC」の2013年度のカリキュラム・単元一覧表を提示する。

表 4-4 「MC」科 カリキュラム：単元一覧表 (2013 年度)

学年	時数	指導項目	取り上げる主なメディア	単元名	利活用する情報機器・機能
1年	11	(1)対面式	スピーチ	もっとしりたいみんなのこと	電子黒板（ディスプレイ）OHC（実物投影）
	12	(2)紙面	絵・写真・スピーチ	えやしゃしんをつかってつたえよう	デジタルカメラ（静止画）PC・電子黒板（ディスプレイ）・OHC（実物投影）
	8	(1)対面式	絵・実物・写真・スピーチ	メディアをつかってつたえよう	タブレット PC・電子黒板（ディスプレイ）デジタルカメラ（静止画）・OHC（実物投影）
	3	(2)	手紙	てがみでつたえよう	電子黒板・OHC（実物投影）
2年	12	(4)情報通信	web 検索・web 閲覧	見て！しらべて！かんがえて！	PC（web 検索・閲覧）・子ども用ブラウザ（キッズ系）・クリックパレット（文字入力支援）・デジタルカメラ・OHC（実物投影）・電子黒板（ディスプレイ）
	8	(3)音声・映像	効果音	こうか音をつかって場面のようすを伝えよう	PC（音源再生）・タブレット PC（録音）・OHC・電子黒板（ディスプレイ）
	15	(1)対面式	紙芝居・録画	みんなにみてもらおう！紙しばい！	デジタルカメラ（録画）・タブレット PC（録画）・OHC（実物投影）・電子黒板（ディスプレイ）
3年	12	(1)対面式	紙芝居	紙芝居で伝えよう	OHC（実物投影）・電子黒板（ディスプレイ）
	15	(2)紙面	葉書	葉書を送ろう	OHC（実物投影）・電子黒板（ディスプレイ）
	8	(3)音声・映像	BGM	BGM で伝えよう	PC（音源再生）・レコーダー（録音）・OHC（実物投影）・電子黒板（ディスプレイ）
4年	12	(4)情報通信	web 検索・web 閲覧	目指せ！調べる達人	PC（web 検索・web 閲覧）・電子黒板・子ども用ブラウザ・一般用ブラウザ
	10	(1)対面式	プレゼンテーション	目指せ！プレゼンテーションの達人	OHC（実物投影）・電子黒板（ディスプレイ）
	13	(3)音声・映像	プレゼンテーション	目指せ！プレゼンテーションの達人（録画）	PC（スライドショー）・プレゼンテーションソフトタブレット PC・デジタルカメラ（録画）
5年	13	(2)紙面	イラストレーション	イラストレーション～「当たり前」と問答しよう～	デジタルカメラ（静止画）タブレット PC（録画）
	9	(3)音声・映像	動画・スライドショー	映像と問答しよう！～本当は、「本当に、本当？」～	タブレット PC（動画編集）デジタルカメラ（静止画・動画）
	13	(1)対面式	プレゼンテーション・スピーチ	わたしたちの考える未来～情報の受けとめ方・伝え方～	タブレット PC（動画編集　静止画・録画）・デジタル カメラ（静止画）
6年	10	(4)情報通信	イントラネット	つゆくさネットワーク～校内 LAN で伝えよう～	PC（スライドショー）・電子黒板（ディスプレイ）
	8	(1)対面式	ポスターセッション	桃山サミット	PC（スライドショー）OHC（実物投影）・タブレット PC（web 検索・閲覧）・PC（web 検索・閲覧）・一般用ブラウザ
	17	(1)対面式	プレゼンテーション	「MC」宝探し	PC（スライドショー）・プレゼンテーションソフト

第 5 節　開発したカリキュラムの実践事例

(3) 実践事例

「MC」は、小学生にメディア・リテラシーを育成するための新教科である。メディア・リテラシーの定義（中橋 2014:3）でねらっている内容を体得させるために、「MC」では4年生ぐらいから批判的思考の形成とメディアのあり方を考え行動できる能力の育成を図っている。以下に、その事例（表4-5）を示す。

表4-5 「MC」の実践事例（批判的思考を育成する事例）

実施学年	第5学年
単元名	「映像と問答しよう！～本当は、『本当に、本当？』 ～」
単元目標	
	「メディア活用への関心・意欲・態度」 ・動画やプレゼンテーションに含まれる情報に関心をもち、その特性に気づきながら自分たちの疑問や課題を解決するために、主体的にメディアを使ったり、情報を集めたりしながら互いの考えを伝えあい、深めあおうとする。
	「メディア活用の思考・判断・表現」 ・自分たちの疑問や課題を解決するために、目的に応じて情報を選択的に取り入れ、自他の考えを分析したり考察を深めたりして、情報を適切に読み解き、多面的に捉えられるようにする。
	「メディア活用に関する知識・理解・技能」 ・様々なメディアの特性を理解した上で状況や目的に応じて、メディアや情報を選択・活用していく方法を身につけるとともに、そのメディアの著作権を扱う時のルールについて知る。
学習の流れ	（9時間扱い）
第1次	動画と問答しよう （3時間） ○動画を視聴し、そこから得られる情報の真意について問答する。 ○受け手の意識や見る角度によって、得られる情報が違うことに気づく。 ○送り手の意図について考える。
第2次	動画を作ってみよう （4時間） ○自分たちの自己紹介ビデオを作成する。 ○受け手と伝える内容を固定し、伝え方を工夫して動画を作成する。 ○編集の効果について考える。
第3次	動画の素材の選び方について問答しよう （2時間） ○動画の素材の選び方について考える。 ○肖像権について考える。

①本単元と「MC」の他の単元や他教科・領域との関係

「MC」では、他教科の領域や「MC」の他の単元との関連や系統を図4-6のように考慮してカリキュラムを作成している。「MC」の学習指導要領（試案）における内容(3)の「主に音声や映像を媒体として情報のやりとりを行う活動」に該当し、動画やプレゼンテーションというメディアを扱う。本単元は、5年の図画工作の「クロッキー」、理科の「動物の体のつくりとはたらき」、国語の「鳥獣戯画」、総合的な学習の時間の「生命のつながり」の学習に関連している。

②授業実践の様子

第1次では、子ども達は、編集されている動画を視聴して情報を受け取る時、「目で見た情報を本当にそのまま受け止めていいのか」や「本当に事実なのか

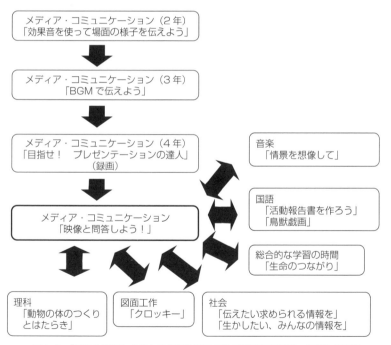

図4-6　「映像と問答しよう」の単元とMCの他の単元や他教科・領域との関係

第5節　開発したカリキュラムの実践事例 | 81

と考える必要がある」ことについて学んだ。また、動画は送り手(作り手)によって意図的にある角度からある部分だけ切り取った情報を提供するメディアであるため、同じ素材であっても音楽や文字、解説等が入ったり、動画の順番が変わったりすることで受け手の感じ方や受け取り方が変わることを図4-7のように体験を通して子ども達は再認識した。これは、「MC」において「受け手」を意識したメディア表現や編集等の技能に目を向ける学びとなっていた。

　第2次では、第1次で考えた「情報発信する側の意識として大切なこと」をもとに、自己紹介動画を作成した。

　受け手に情報を伝えるために、音楽や文字等の情報を加えたり、動画の順番を工夫したりすることによって生じる効果の大切さを再確認した。また、自分たちの作成した動画を保護者に見せ、第三者評価を得た。知らない人が見ても情報がよく伝わるように、情報や音楽等が相互作用していくよう編集し直した。動画を作成し、相手に伝える経験を積み重ねていくことで、より効果的な編集の仕方、画像の切り取り方を見つけることができた。

　第3次では、第2次での学びを活かし、「私だけが知っている○○(動物)」という低学年に紹介する動画を作成した。第2次との違いは、使える画像(素材)を4枚に制限し、自分の伝えたいことがより伝わる素材の選び方と構成の仕方を考えさせたことである。図4-8で、「象」を紹介しようとしていたグループの子どもたちは「イラスト」と「写真」というメディアの特徴を学び、伝え方

図4-7　授業の様子

図4-8　イラストと写真の「象」

を検討した。子ども達は「写真」の方が低学年に伝わると予想していたが、「写真」よりも「イラスト」のシンプルな線の方が伝わりやすいことを学んだ。また本単元では、画像や動画を使用する際には「肖像権」があり、発信者（送り手）が自由に使っていいわけではないことも学んだ。

　メディア・リテラシーのカリキュラム開発の際に、既存の教科・領域で学べることと新教科「MC」での学びとの違い等を検討してきた。表4-6で示して

表4-6　「MC」の実践事例（「MC」特有の学びの事例）

実施学年	第2学年
単元名	「こうか音をつかって場面のようすを伝えよう」
単元目標	
	「メディア活用への関心・意欲・態度」 ・身の周りの音を表す効果音に関心をもち、場面の様子を思い浮かべることを楽しみ、相手に場面の様子が伝わるように音を選んでお話をつくろうとする。
	「メディア活用の思考・判断・表現」 ・効果音を用いて場面の様子を伝えるために、効果音の良さや面白さを捉え、相手にその特長を活かして伝えるようにする。
	「メディア活用に関する知識・理解・技能」 ・効果音の使い方や使う良さを知り、場面の様子に合わせて使い、使い方によって相手の感じ取り方が変わることに気づく。
学習の流れ	（8時間扱い）
第1次	効果音の良さやおもしろさを知る。（2時間） ○雨の効果音から、イメージが与えられることを知る。 ○様々な効果音を聞き、効果音の良さや面白さに気づく。
第2次	効果音を用いて、自分たちの表現したい場面を表現する。（4時間） ○雨の効果音から、自分たちの表現したい場面を考える。 ○いろいろな効果音の中から、表現したい場面に合う効果音を選ぶ。 ○選んだ効果音を組み合わせながら、自分たちのイメージに合わせて場面を 表現する。 ○「はじめ・なか・おわり」を意識して相手にどのように伝わるのかを考えながら作品をつくる。
第3次	効果音を用いてつくった場面を交流する。（2時間） ○つくった作品を交流し、効果音の使い方によって様々な場面が表現できることを知る。

第5節　開発したカリキュラムの実践事例

いる事例は、既存の音楽や総合的な学習の時間では扱いがなかった情報を表現・発信する時に大切な「効果音」について学ぶものである。

③本単元と「MC」の他の単元や他教科・領域との関係

本単元は、学習指導要領（試案）における内容（3）の「主に音声や映像を媒体として情報のやり取りを行う活動」に該当し、効果音というメディアを扱う。図4-9で示したように、効果音について「MC」で学ぶだけでなく、音楽で虫の声を身の周りの音や自分の声等を効果的に用いて表現する学習を行う。「MC」では音で効果的に伝える方法を学習する。これは、国語「分かりやすくせつめいしよう」（光村図書）の学習とも関連している。さらにそれらの学習を活かして「MC」の後の単元で紙しばいを作成し、発表する学習を行う。

④授業実践の様子

第1次は、音を聴いて想像したことを交流することを通して、子ども達は音が様々なイメージをもたらすことを学んだ。はじめに、「雨」の効果音を聴いて、イメージされたものを図4-10のワークシートに、絵や言葉で表した。雨の降る場面や海や川の様子、肉を焼く音等、様々に想像したことを交流することによって、子ども達は、音によってイメージが与えられることに気づいた。

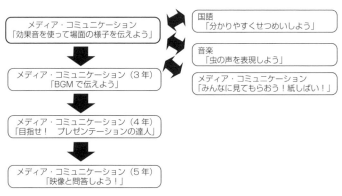

図4-9 「効果音」の単元と「MC」の他の単元や他教科・領域との関係

図 4-10 「雨」の効果音のイメージ

　次に、雨の音に鳥の鳴き声を加えることによって、空が晴れていくイメージをもつ子が多くいた。そういったイメージの変化を交流することで、「音が少し変わることで、イメージが変わっていった」と気づくことができた。さらに、そのように変化していくことから、「一日を表現しているみたいだ」という発言が出て、そのことを手がかりにして、場面と場面をつないでお話を作っていくように、次時からの学習につないでいった。
　第2次では、雨の効果音を用いて、お話の「はじめ」「なか」「おわり」のそれぞれの場面を考え、効果音を組み合わせて場面を表した。その後、絵とともに、それぞれの場面にお話をつけながら音を楽しんだ。
　子ども達は、自分の作品を紹介することも級友の作品を聴くことも、ともにとても楽しんでいた。「他にも作ってみたい」「他の音も入れてみたい」等とつぶやきはじめたので、音による作品を、班で作ることにした。
　実際にパソコン室で使う音を聴きながら、どのような場面を作っていくのか班で考えていった。作品を作る時には、図4-11のように、各班でパソコン2台とスピーカーを2台使うようにして、音を重ねられるようにし、3人班でそれぞれが役割をもってできるようにした。子どもたちは1つ1つの音を聞きながら、「おまつりの場面にしようかな」「だんだん晴れていく様子にしようかな」

第5節　開発したカリキュラムの実践事例

図4-11 コンピュータによる音づくり

等、いろいろ試しながら相談し、班の中で意見が分かれた時には、なぜその音を使って表現したいのかを伝え合った。使う音を選んで、「はじめ」「なか」「おわり」のそれぞれの場面の様子を考え、子ども達はそれぞれの役割を決めて、パソコンを操作して作品を作っていった。

第3次では、作った作品を交流した。同じ音声素材であっても、雨の効果音をだんだん大きくする、あるいはだんだん小さくする、というように、そこに意図をはたらかせることで受け手の感じ取り方は変わってくる。作品を作っていく過程で、子どもたちは意図をもって1つ1つの場面を表現した。音として表現された作品の交流から、効果音の使い方によって相手の感じ取り方が変わることに気がついた。

6. カリキュラム開発の成果

以上のように、京都教育大学附属桃山小学校では、新教科「メディア・コミュニケーション科（MC）」を開発し、小学生にメディア・リテラシーを系統的に育成できるようにした。これは、「研究開発学校」という枠組で教育課程の変更が許された特別な取り組みではあったが、小学校におけるメディア・リテラシー教育としての新教科の学習指導要領（試案）と体系的なカリキュラム（1年から6年までのすべての学年の学習単元）を開発し、教科の目標、各学年の目標と具体的な内容、そして評価の観点及びその趣旨、評価規準表を示せたことで、メディア・リテラシー教育の今後の普及・進展に貢献できると考える。また、教科を新設することにより、これまで教科の中でメディア・リテラシー教育を実践する際に課題となっていた教科の目標とメディア・リテラシー教育の目標に対する評価の二重性も解消できた。

本研究で「MC」という新しい教科を提案することで、法的拘束力をもつ学習指導要領の基礎資料となる試案が提案でき、公教育におけるメディア・リテラシー教育のカリキュラム化への一歩を歩み出すことができたとすれば幸いである。

（浅井　和行）

【引用・参考文献】

浅井和行（2011）「新学習指導要領におけるメディア・リテラシー教育の要素分析」『京都教育大学教育実践研究紀要』11，pp.209-218

京都教育大学附属桃山小学校（2011・2012・2013）「メディア・コミュニケーション科」研究発表大会資料

中橋　雄（2014）『メディア・リテラシー論——ソーシャルメディア時代のメディア教育』北樹出版

山川　拓・浅井和行・中橋　雄（2013）「『21世紀型情報活用能力』を育む新教育課程の開発と実践 」『日本教育メディア学会第20回年次大会発表論文集』pp.107-110

既存の教科における
メディア・リテラシー教育

1. 初等教育におけるメディア表現学習

「高度情報通信社会」に生きる子ども達は、生まれながらにして様々なメディアに囲まれている。旧来型のメディア、例えば電話や手紙等のパーソナルなメディア、新聞やテレビ・ラジオ等のマスメディア、そして、それらに加えて、現在ではインターネットや携帯電話・携帯ゲーム機・スマートフォン等の新しい形態のメディアが普及してきている。そのような環境において、ソーシャルメディアの利用率は高まりを見せている。これらを適切に利用すれば、自分の世界が拡大するが、昨今不適切な利用も増え、その利用に関しての混乱やトラブルも多発している。

学校教育現場においても、様々なメディアをめぐるトラブルが増えているにもかかわらず、トラブルに適切に対応するためのメディア・リテラシーを育成する教育が積極的に行われているかというと、そうではない状況が見える。

本章においては、その現実的な課題を分析しつつ、メディア・リテラシーの育成を前面に出す訳ではないが、現状のカリキュラムの中で授業デザインを工夫することでその能力形成を図ることができる初等教育におけるメディア表現学習について提案したい。

(1) 初等教育におけるメディア・リテラシー教育の課題

初等教育におけるメディア・リテラシー教育を普及させる上での課題として、3点にしぼり、整理してみる。

まず、学校教育現場の教師にとってメディア・リテラシーという用語そのも

のが、なじみが薄いことが挙げられる。それは、学習指導要領にメディア・リテラシーが明確に位置づけられていないという点と、それを基に編纂されている教科書にメディア・リテラシーを扱う教材が少ないということに起因すると考えられる。メディア・リテラシーという考え方や実践は、1980年代に入って、カナダ、イギリス、アメリカ、オーストラリアといった英語文化圏から発信され、1990年代に日本でも知られるようになってきた。

　そして、1990年代日本では、社会におけるコンピュータの普及が、教育におけるメディア自体の捉え方を修正していく必要に迫られるという状況を生み出した。つまり、その頃に相次いで起きた少年たちによる衝撃的な犯罪に対し、インターネットやその他メディアの有害コンテンツの青少年による閲覧を規制しようという動きが広がり、同時にメディア・リテラシーにも注目が集まるようになった。そして、それを紹介したり提唱したりする本やテレビ番組も現れ、様々なイベントも開催されるようになった。さらには官公庁においても動きがみられる（水越　2000）。特に、学習指導要領の中に「総合的な学習の時間」（小・中学校）や教科「情報」（高校）が新設され、情報教育を行う時間がある程度確保されたことは、大きな進歩といえよう。2010年に改訂された学習指導要領「小学校編」には、多くのメディア・リテラシーに関する内容が盛り込まれていることを指摘している（浅井　2011）。そして、教科に散りばめられている指導内容を拾い出して整理し、メディア・リテラシー教育の実施の可能性を示唆している。しかし、様々な教科に散見されるメディア・リテラシーに関連する内容を、各教科の目標や指導内容と絡めて指導する必要があるものの、実際の教育現場において、そのような視点をもたない教師は、メディア・リテラシーの育成を目的として実践しないという現実がある。

　次に、社会と学校での学習との乖離が挙げられる（水越　2000）。メディア・リテラシーの意味が大衆文化と学校文化で大きく切り分けられてしまっているのである。例えば、携帯ゲームを学校に持ち込むことは禁止し俗悪な大衆文化として一方的に排除しているが、いったん下校すればそれらにどっぷりと浸った生活がある。カナダやアメリカのメディア・リテラシー教育では、大衆文化

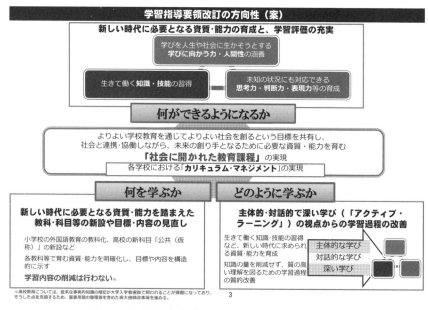

図 5-1 中央教育審議会教育課程企画特別部会論点整理より

的なメディアのあり方を批判的に捉えながらも、メディア表現活動を行っているという例を紹介しているが、日本ではなかなかそのような授業の広がりをみることができない。

　実社会とつながる学習の必要性は、新学習指導要領の改訂に向けての論点整理にも示されている（中央教育審議会教育課程企画特別部会 2015 年 8 月図5-1）。「新しい時代に必要となる資質・能力の育成」の視点 3 の「どのように社会・世界と関わり、よりよい人生を送るか（人間性や学びに向かう力等）」と重なる視点であると考えると、これも重要な課題と言えよう。

　最後に、これまでメディア・リテラシーに関心を寄せる一部の教師によって、様々な授業実践が蓄積されてきてはいるものの、これらはマスメディア分析による情報のクリティカルな読み解きや映像視聴能力の研究に偏り、メディア作品の制作を行う事例の少なさがあるという課題である。特に、今日のメディア

環境の変化を考えたときには、個人がメディアを用いて情報発信・表現を行う実践の蓄積が必要であることを指摘している（中橋　2014）。

（2）デジタル表現研究会の実践研究

　前項では、初等教育におけるメディア・リテラシー教育の課題として、メディア・リテラシーの考え方や実践になじみのない教師が多く、その授業設計の困難さ・社会の課題と学校の学習との乖離・メディア表現学習、特に今日のメディア環境の変化を考えた時には、個人がメディア用いて情報発信・表現を行う実践の少なさを挙げてきた。

　ここでは、それらの課題を解決する1つの方向性として「デジタル表現研究会」通称「D-project（以下、D-pro）」の取り組みを紹介する。本研究会に関して、会長である中川が、研究会のWebサイトにて、次のように述べている。

　　2006年度からスタートしたD-projectは、「豊かな学力」と「メディア表現」を結びつける「メディア創造力」というキーワードを、今後の活動の柱にしていきたいと考えています。「メディア創造力」とは、「表現学習を通して、自分なりの発想や創造性、柔軟な思考を働かせながら自己を見つめ、切り拓いていく力」と定義しています。「メディア創造力」の育成という新たな視点で授業作りを考え、「基本基礎」の徹底に結びつく実践を提供しながら、日本の学校教育界に根強い「キチンと文化」に問題提起していきたいと考えています（http://www.d-project.jp/about/index.html より引用）。

　このように、本研究会は、学習指導要領にある教科の目標や内容を逸脱することなくメディアを表現する授業設計する際の指針として、育成する学力・到達目標・学習サイクルをトータルに提案しているところに特徴がある。

　① 育成する学力「メディア創造力」

　「メディア創造力」とは、「メディア表現学習を通して、自分なりの発想や創造性、柔軟な思考を働かせながら自己を見つめ、切り拓いていく力」と捉える。

　②到達目標

表 5-1 「メディア創造力」の到達目標

構成要素	系統性
A 課題を設定し解決しようとする力	
① 社会とのつながりを意識した必然性のある課題を設定できる	Lv1：人や自然との関わりの中で体験したことから課題を発見できる。 Lv2：地域社会と関わることを通して課題を発見できる。 Lv3：社会問題の中から自分に関わりのある課題を発見できる。 Lv4：社会問題の中から多くの人にとって必然性のある課題を設定できる。 Lv5：グローバルな視点をもって、多くの人にとって必然性のある課題を設定できる。
② 基礎・基本の学習を課題解決に活かせる	Lv1：文章を読み取ったり、絵や写真から考えたりする学習を活かすことができる。 Lv2：グラフを含む事典・図書資料で調べたり、身近な人に取材したりする学習を活かすことができる。 Lv3：アンケート調査の結果を表やグラフで表したり、傾向を解釈したりする学習を活かすことができる。 Lv4：独自の調査を含め、情報の収集方法を選んだり、組み合わせたりする学習を活かすことができる。 Lv5：様々な方法で収集した情報を整理・比較・分析・考察する学習を活かすことができる。
③ 好奇？・探究？・意欲をもって取り組める	Lv1：何事にも興味をもって取り組むことができる。 Lv2：自分が見つけた疑問を、すすんで探究することができる。 Lv3：課題に対して、相手意識・目的意識をもって主体的に取り組むことができる。 Lv4：社会生活の中から課題を決め、相手意識・目的意識をもち、主体的に取り組むことができる。 Lv5：課題解決に向けて自ら計画をたて、相手意識・目的意識をもって主体的に取り組むことができる。
B 制作物の内容と形式を読み解く力	
① 構成要素の役割を理解できる 印刷物：見出し、本文、写真等 映像作品：動画、音楽、テロップ等	Lv1：制作物を見て、複数の要素で構成されていることを理解できる。 Lv2：制作物を見て、それぞれの構成要素の役割を理解できる。 Lv3：制作物を見て、構成要素の組み合わせ方が適切か判断できる。 Lv4：制作物を見て、構成要素を組み合わせることによる効果を理解できる。 Lv5：制作物を見て、送り手がどのような意図で要素を構成したのか理解できる。
② 映像を解釈して、言葉や文章にできる 映像：写真・イラスト・動画等	Lv1：映像を見て、様子や状況を言葉で表すことができる。 Lv2：映像の内容を読み取り、言葉や文章で表すことができる。 Lv3：映像の目的や意図を自分なりに読み取り、言葉や文章で表すことができる。 Lv4：映像の目的や意図を客観的に読み取り、言葉や文章で表すことができる。 Lv5：映像の目的や意図を様々な角度から読み取り、言葉や文章で表すことができる。
③ 制作物の社会的な影響力や意味を理解できる	Lv1：制作物には、人を感動させる魅力があることを理解できる。 Lv2：制作物には、正しいものと誤ったものがあることを理解できる。 Lv3：制作物には、発信側の意図が含まれていることを読み取ることができる。 Lv4：制作物について、他者と自己の考えを客観的に比較し、評価することができる。 Lv5：制作物の適切さについて批判的に判断することができる。
C 表現の内容と手段を吟味する力	
① 柔軟に思考し、表現の内容を企画・発想できる	Lv1：自分の経験や身近な人から情報を得て、伝えるべき内容を考えることができる。 Lv2：身近な人や図書資料から得た情報を整理し、伝えるべき内容を考えることができる。 Lv3：身近な人や統計資料から得た情報を整理・比較し、伝えるべき内容を考えることができる。 Lv4：様々な情報源から収集した情報を整理・比較して、効果的な情報発信の内容を企画・発想できる。 Lv5：様々な情報を結びつけ、多面的に分析し、情報発信の内容と方法を企画・発想できる。
② 目的に応じて表現手段の選択・組み合わせができる	Lv1：相手に応じて、絵や写真などの言語以外の情報を加えて伝えることができる。 Lv2：相手や目的に応じて、図表や写真などの表現手段を選択することができる。 Lv3：相手や目的に応じて、図表や写真などの表現手段を意図的に選択することができる。 Lv4：相手や目的に応じて、多様な表現手段を意図的に組み合わせることができる。 Lv5：情報の特性を考慮し、相手や目的に応じて、多様な表現手段を意図的に組み合わせることができる。
③ 根拠をもって映像と言語を関連づけて表現できる	Lv1：他者が撮影した映像をもとに、自分の経験を言葉で表現できる。 Lv2：自分が撮影した映像をもとに、取材した内容を言葉にして表現できる。 Lv3：自分が撮影し取材した情報を編集し、映像と言葉を関連づけて表現できる。 Lv4：自分が撮影し取材した情報を編集し、根拠をもって映像と言葉を関連づけて表現できる。 Lv5：映像と言語の特性を考慮して、明確な根拠に基づき効果的に関連付け、作品を制作できる。
D 相互作用を生かす力	
① 建設的妥協点を見出しながら議論して他者と協働できる	Lv1：相手の考え方の良さや共感できる点を相手に伝えることができる。 Lv2：それぞれの考えの相違点や共通点を認め合いながら、相談することができる。 Lv3：自他の考えを組み合せながら、集団としての1つの考えにまとめることができる。 Lv4：目的を達成するために自他の考えを生かし、集団として合意を形成できる。 Lv5：目的を達成するために議論する中で互いを高めあいながら、集団として合意を形成できる。
② 制作物に対する反応をもとに伝わらなかった失敗から学習できる	Lv1：相手の表情や態度などから、思ったとおりに伝わらない場合があることを理解できる。 Lv2：相手の反応を受けて、どのように伝えればよかったか理解できる。 Lv3：相手の反応を受けて、次の活動にどのように活かそうかと具体案を考えることができる。 Lv4：相手の反応から、映像や言語における文法を身につける必要性を理解できる。 Lv5：相手の反応から、文化や価値観を踏まえた表現の必要性を理解できる。
③ 他者との関わりから自己を見つめ学んだことを評価できる	Lv1：他者との関わり方を振り返り、感想をもつことができる。 Lv2：他者との関わりを振り返り、相手の考えや行動などについて、感想をもつことができる。 Lv3：他者との関わりを振り返り、自己の改善点を見つめ直すことができる。 Lv4：他者との関わりを振り返り、自分の関わり方を評価し、適宜改善することができる。 Lv5：他者との関わり方を振り返り、自分の個性を活かすために自己評価できる。

92　Chapter05　既存の教科におけるメディア・リテラシー教育

表現する学習活動がどのような能力につながっていくのか見通して授業デザインができるように、本研究会では「メディア創造力」の到達目標（表5-1）を提案している。到達目標は、「A 課題を設定し解決しようとする力」「B 制作物の内容と形式を読み解く力」「C 表現の内容と手段を吟味する力」「D 相互作用を生かす力」の4つの能力項目に分かれており、それぞれ3つの下位項目で構成されている。構成要素ごとに「小学校低学年→中学年→高学年→中学校→高等学校」の5段階のレベルに分けて系統性を示している。ただし、このレベルは、学級の実態を見据え、場合によっては該当する学年より低いレベルを想定して授業デザインすることもあり得る。また、一実践ですべての構成要素を育むことは難しいため、複数の実践を積み重ね，バランスよく育むようにすることが重要である。

③学習サイクル

「メディア創造力」を育成するための学習サイクルとして「相手意識や目的意識をもつ→見る→見せる・つくる→振り返る」を提案している。

相手意識や目的意識が十分でない中で表現活動に取り組んでも、子どもたちは活動に必然性を感じられずに「ただ作って楽しかった」だけで終わってしまう。そこで、何のために誰に対して発信するのか相手意識や目的意識を明確にし、「見る」プロセスでは、ホンモノをつぶさに観察し、そこに込められた工夫や思い、こだわりを学ぶ。「見せる・作る」プロセスでは、時には失敗を経験させながら、トライ＆エラーでブラッシュアップしていく。子ども同士で話し合い、協力しながら、少しでもよい表現になるよう建設的な妥協点を探っていく。さらに、「振り返る」プロセスでは、次に改善点が活かせるようにする。このような授業デザインをどう実現できるかが鍵となる。

本節においてメディア・リテラシー教育が学校教育に根ざしていかない現実的な課題を分析しつつ、実践していく中でその能力形成を図ることができるメディア表現学習に関して述べた。第2節〜第4節において、その具体例を挙げる。

2. 写真の特性について学ぶ事例

「アップとルーズで伝えよう〜「エコ新聞」を作って発信しよう〜」小学校第4
学年・国語
事例提供：佐藤幸江（横浜市立大口台小学校（2008年）の授業実践）

　本事例は、文章とは異なる写真の特性を考え表現する機会を捉えてメディア
について学ばせることができるように、国語科の授業に位置づけていることに
特徴がある。教科に散見されるメディア・リテラシーに関連する内容を、教科
の目標や指導内容と絡めて指導できる可能性を示唆している。
　①単元目標
・対比・まとめなど、段落相互の関係に気をつけることで内容を把握しやすく
なることを知り、読み方に活かすとともに、伝えたいことと伝える方法につい
て興味をもつ。
・学校や地域にあるものについて知らせるために取材し、相手と目的に応じて
選材して分かりやすく伝える。
・伝えられることには、送り手の意図があるという視点を持って、情報を見た
り読み進めたりする。
　②実際の授業の流れ
　学習のゴールとして、全校児童や保護者、地域の方々に安全な町にしようと
呼びかける新聞を発信することである。
　「今日から学習することだよ」といって「アップとルーズで伝える」という
教材文を提示した。題名からその意味を考え、子ども達が「総合的な学習の時
間」で取り組んでいる「全国子どもエコクラブ」から発行されている新聞や、
前期単元「新聞記者になろう」で自分達が作った新聞をもとに、写真の撮り方
の工夫や配置の仕方について気づいたことを話し合うことから学習がスタート
した。
　第3〜6時までの教材文「アップとルーズで伝える」の学習においては、写

真を選ぶ視点として「アップとルーズ」があることを理解することで、自分達が新聞を制作する際の写真選択の視点を獲得する学習となっている。このように国語科の学習内容にも、メディア・リテラシーに関する内容が入ってきているので、さらに系統性が示されると一般化してくるであろう。

本実践では、「受け手」「送り手」としての立場の違いを知ることも大事にしている。自分たちが新聞を作って「知らせたい」内容として、何をどのように知らせるかの話し合いの時間がもたれた（図5-2）。ある子が、「前に本で読んだんだ

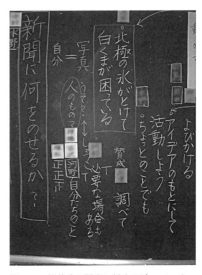

図5-2　掲載する写真に対するディスカッション時の板書

けれど」と言って、ある写真を紹介した。それは、北極の氷が溶けて白くまが困っている写真で、それをぜひ新聞に載せたい、という発言をした。はじめのうちは、提案された「北極の氷がとける」というショッキングな写真を載せる方がいい、という意見が続いていたが、話し合う中で、取り上げる写真の真偽が自分たちで確かめられないこと、人の写真を勝手に自分たちの新聞に使っていいのかという著作権のことなどが話題となっていった。そして、人を本当に動かすためには、自分たちがいかに行動しているかを知らせることが必要なのではという結論に至った。自分たちが撮った写真を掲載することに決定された。「自分たちのしていることの大切さ」を確認することと、発信者としての責任を感じる学習となっていると考える。

③残された課題

「送り手と受け手」に関する話し合いは、たまたま「北極の氷が溶ける写真を載せたい」という思いをもった児童がいたために、設定できたことである。そういう思いをもつ児童が育つように相手意識・目的意識をもたせるような授

第2節　写真の特性について学ぶ事例　　95

業づくりの必要性があるが、このような発言が出てこない時には教師の方で事前に準備をしておく必要がある。教科書にそのような教材があることが一番の解決策ではあると思うが、日常的に教師自身もメディア・リテラシー教育に関する意識を高め、どのような事象が教材化できるか考えていくことが必要となろう。

3. CM の特性について学ぶ事例

「北海道、沖縄は、どんなところ？」(小学校第5学年　社会「寒い土地、暖かい土地」における CM 作り　事例提供：菊地寛教諭（静岡県浜松市立三ヶ日西小学校))

　本事例においては、CM は、興味をもたせるために選びぬかれた映像であること、メディアが送り手の意図で構成されているという特性を学ぶことに特徴がある。単なる教科の内容のみでなく、CM 制作という実社会とつながる内容を含み込むことで、メディア・リテラシー教育の実践が可能となることを示唆している。

　①単元目標

・国土の位置、地形や気候の概要、気候条件から見て特色のある地域の人々の生活を知る。

・グループでの CM 作りを通して、伝えたい内容に合わせた映像 (画像) を吟味し、CM を見た人に興味をもってもらえるようなキャッチコピーを考える。

・映像からの情報を読み取る。

　②実際の授業の流れ

　本実践では図5-3にあるようにグループごとにタブレットで「NHK for School」を活用している。その理由としては、1つは、調べるコンテンツとして信憑性が高く、安心して活用させることができること。もう1つは、媒体が映像であり、分かりやすくまとめられているだけでなく、複数のコンテンツの情報を比較・検討しながら、必要な情報を読み取ることができることが挙げられる。

北海道・沖縄について調べる学習では、ジグソー学習が用いられている。ジグソー学習とは、北海道・沖縄それぞれの〈地形・気候〉〈生活〉〈特産物〉〈観光〉の４つに分かれて、児童が主体的に情報収集・整理・発信を行うような「アクティブ・ラーニング」を目指す学習方法の１つである。ここでは、どのグループも動画一覧表を見ながら、必要だと思うコンテンツを視聴し、共通する部分、差異の部分について話し合い、各地の特色をまとめていく様子が観察された。また、知らない土地の様子や地名を調べるために、図書室の本や地図帳など映像の情報を補う様子も見られた。さらに、調べたことを自分のグループ内で伝え、気候や自然などについて地域の特徴を考えた上でCM作りのテーマを話し合っている。

　CM作りの条件として教師は、「①画像は４枚②画像にはキャッチコピーを付ける③北海道・沖縄の両方の特徴が分かるCM」とした。児童は、グループになって取材内容を出し合い、イメージマップにまとめた。イメージマップとは、中央にテーマを書き、そこから発想を広げていくシンキングツールと呼ばれているものである。次に、全部で約30枚用意された画像の中でイメージマップや自分たちが伝えたいことに照らして、どの写真を選べばいいのか話し合いによって決定させている。このようにして写真４枚を選択し、その画像に、キャッチコピーをつけている。キャッチコピーは、国語科での学習を活かして短く印象的な言葉になるように指導されていた。

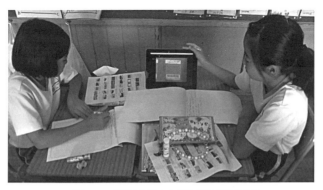

図5-3　番組を視聴しながら情報を整理する

できあがった CM に関しては、他グループとの交流の時間が設けられ、発信、相互評価できる場が確保された。発表者はグループ内で交代、全員が 1 回は発表できるような工夫がみられた。相互評価では、「同じ画像なのに見る視点が違っておもしろかった」「伝えたいことは同じなのに、画像が違ったり伝える順番が違ったりして、いろいろな工夫をグループでしていると思った」等の感想がみられた。このことより、同じ映像を使用しても制作者の意図によって使われ方が違うことに気づいたことが分かる。

③残された課題

映像を内容的には十分に読み取れていたが、一方でメディアの特性を理解することやメディアを批判的に捉えることが不十分であったこと、CM 作りを意識して「どうしてこのコンテンツを説明に使用したのか」「使用されている映像にはどんな影響があるのか」等を検討する時間をとり、話し合わせるとさらに効果的であったことが、実践者からの課題として出されていた。メディアで表現する学習は、時間がかかるという制約がある。教科の内容に関する学習とメディア表現学習とを同時に実施しようとする時には、内容に軽重をつけながら授業デザインすることが重要である。

4．SNS の特性について学ぶ事例

「物語をつくろう」〜交流校との交流を通して〜　小学校第 5 学年　国語
事例提供：菊地寛教諭（静岡県浜松市立三ヶ日西小学校）

将来的に、タブレット端末の普及に伴って様々な教科領域における課題解決学習で SNS を活用することが予想される。本事例は、国語科の授業において、メディアの影響力と送り手の責任等、SNS の特性について学ぶという、先進的な取り組みの事例である。

①単元目標

・筋道の通った構成を工夫して、想像したことを豊かに表現して、物語を書く

ことができる。
・グループで映像を活用して、簡単な撮影をしたり、選択したり、助言し合ったりして物語を作る。

②実際の授業の流れ

「児童用SNS」の活用に関しては、意見交流を活発にすることで、「デジタル物語」をブラッシュアップしていくことを目的としている。交流する段階に応じて、不適切な内容やトラブルになりそうなコメントについては、全員で考える場が設けられ、情報モラルと合わせて指導ができるような学習計画となっている。「デジタル物語」とは、自分たちの考えた物語に合わせて、タブレット端末で動画を撮影し、ナレーションと音楽をつけたものである。言語活動を「デジタル物語」とした理由に関して実践者は、映像を活用することで創造力が働き、表現力が身につくという点と音楽を場面に合うよう選び動画を作成する等イメージ作りの工夫もできるようになるという点を挙げている。

「児童用SNS」は日常的に学級内と交流校とで活用されている。まずは、学級内で活用し、慣れてきたらインターネットを通じて、交流校とやりとりを始めるというように段階的に活用されている。本実践において「児童用SNS」を活用したのは、全員が発言する場を確保でき、そこに関わることができるという利点を教師は挙げている。実際、どの児童も発言をアップしている。発話

図5-4　児童用SNSに書き込む

第4節　SNSの特性について学ぶ事例

だけの話し合いでは、発言力の強い児童だけが話し合いの中心になりがちであるが、「児童用SNS」を活用したことで、全員がグループの物語について関心をもち、よりよいものにしようと発言を繰り返すことができている。また、物語の途中経過の作品をSNSにアップすることで、交流校からもアドバイスをもらうことができ、ブラッシュアップにつながる。さらに、発言をしていく中で、言葉の使い方等でトラブルになった時には、なぜそうなったのか全員で考え、対処法を考える情報モラル授業を合わせて実施することができている。

　動画撮影では、どのグループも撮影の仕方を工夫して、登場人物の目線から撮影したり遠くから撮影したりとしていた。でき上がった物語も「児童用SNS」にアップし、交流校にも評価をしてもらっている。このように、ブラッシュアップの成果を相互に評価することで、自分についた力を意識させることができている。

　③残された課題

　「デジタル物語」という言語活動に関しては、子どもたちの技量もあり、思いと作品の出来具合とは差があったようで、すべてのグループが満足のいくような物語を作成できたわけではないようである。映像を活用する場合には、ある程度の系統的な指導が必要であることが分かる。

　また、「児童用SNS」の活用に関しては、論点が拡散してしまったりトラブルが起こったりしている。本実践においては、教師や仲間のチェックがあってうまくトラブルの回避ができているが、児童が一人でSNSを使用する際にどのようにその場を作っていくことができるのか、ソーシャルメディアとの関わりに関しては、指導が必要であることを本実践は示唆している。

5. 初等教育におけるメディア表現学習から見えてくるこれから

　本節においては、第2節で紹介した具体例の到達目標とメディア・リテラシーの構成要素とを比較し、今後の方向性として、メディア・リテラシーの構成要素を意図的に含んだメディア表現学習を提案したい。

（1）到達目標とメディア・リテラシーの構成要素を比較して

　「アップとルーズで伝えよう～「エコ新聞」（小学校第4学年国語）を作って発信しよう～」の実践におけるメディア創造力の到達目標とメディア・リテラシーの構成要素を、表5-2にまとめた。

表5-2　到達目標と構成要素比較表

能力項目	下位項目	レベル	時間毎のねらい	メディア・リテラシーの構成要素
A　課題を設定し解決しようとする力	1．社会とのつながりを意識した必然性のある課題を設定できる	Lv2：地域社会と関わることを通じて課題を発見できる。	①新聞を読んでもらう相手意識、目的意識を明確にもつ。	
B　制作物の内容と形式を読み解く力	1．構成要素の役割を理解できる（印刷物：見出し、本文、写真等映像作品：動画、音楽、テロップ等）	Lv2：制作物を見て、それぞれの構成要素の役割を理解できる。	②実際の新聞を見て、新聞の構成要素やその役割に気づく。	③メディアを読解、解釈、鑑賞する能力
B　制作物の内容と形式を読み解く力	3．制作物の社会的な影響力や意味を理解できる	Lv3：制作物には、発信側の意図が含まれていることを読み取ることができる。	③新聞とテレビを比較することで、メディアの特性の違いに気づく。	②メディアの特性を理解する能力
B　制作物の内容と形式を読み解く力	映像を解釈して、言葉や文章にできる（映像：写真・イラスト・動画等）	Lv2：映像の内容を読み取り、言葉や文章で表すことができる。	④キャプションや見出し等が、メディアの意味の構成に果たす役割を知る。	③メディアを読解、解釈、鑑賞する能力
C　表現の内容と手段を吟味する力	1．柔軟に思考し、表現の内容を企画・発想できる	Lv2：身近な人や図書資料から得た情報を整理し、伝えるべき内容を考えることができる。	⑤伝えたい意図をもって、取材する。	⑤考えをメディアで表現する能力
C　表現の内容と手段を吟味する力	2．目的に応じて表現手段の選択・組み合わせができる	Lv2：相手や目的に応じて、図表や写真などの表現手段を選択することができる。	⑥アップとルーズの効果の違いが分かり、撮影する。	③メディアを読解、解釈、鑑賞する能力
C　表現の内容と手段を吟味する力	3．根拠をもって映像と言語を関連づけて表現できる	Lv2：自分が撮影した映像をもとに、取材した内容を言葉にして表現できる。	⑦写真を選択するときに、理由を明確にして選ぶ。	⑤考えをメディアで表現する能力
C　表現の内容と手段を吟味する力	3．根拠をもって映像と言語を関連づけて表現できる	Lv2：自分が撮影した映像をもとに、取材した内容を言葉にして表現できる。	⑧写真に伝えたい思いを込めたキャプションや見出しをつける。	⑤考えをメディアで表現する能力
C　表現の内容と手段を吟味する力	2．目的に応じて表現手段の選択・組み合わせができる	Lv2：相手や目的に応じて、図表や写真などの表現手段を選択することができる。	⑨相手や目的に応じて、適切に伝えるための工夫を用いて、簡単なメディア作品を作る。	①メディアを使いこなす能力
C　表現の内容と手段を吟味する力	3．根拠をもって映像と言語を関連づけて表現できる	Lv2：自分が撮影した映像をもとに、取材した内容を言葉にして表現できる。	⑩写真と文章を効果的に組み合わせる。	⑤考えをメディアで表現する能力
D　相互作用を活かす力	1．建設的妥協点を見出しながら議論して他者と協働できる	Lv2：それぞれの考えの相違点や共通点を認め合いながら、相談することができる。	⑪発信者と受信者について考える。	④メディアを批判的に捉える能力
D　相互作用を活かす力	3．他者との関わりから自己を見つめ学んだことを評価できる	Lv2：他者との関わりを振り返り、相手の考え方や受けとめ方などについて、感想をもつことができる。	⑫意図の伝わる新聞になったか、新聞作りで自分の役割が果たせたか等、相互評価と自己評価する。	⑥メディアによる対話とコミュニケーション能力

第5節　初等教育におけるメディア表現学習から見えてくるこれから　　101

本実践には、メディア・リテラシーの構成要素が含み込まれていることが分かる。「メディア創造力」を育成するメディア表現学習を各学年で取り組むことにより、メディア・リテラシーの構成要素をある程度育んでいくことができると考える。

　しかし、メディア・リテラシーを、主にテレビや新聞などのメディアから送り出されてくる情報を批判的に読み解いていく能力としてだけ定義する、つまり、文字とともに映像や音声として送り出されてくる情報の意味するところを批判的に読み解く能力を育成する教育だけを目指して授業を行うのであるならば、急速に変貌していく今日のような高度情報化社会をたくましく生き抜く人間の育成は難しい。D-pro で実践されているように、積極的にメディアを活用して価値ある情報を創り出していくという、メディア表現学習を提案したい。

　ただし、メディア・リテラシーの育成を目的に据えた場合、紹介した事例では十分であるとは言えないだろう。例えば、次に関本（2010）が紹介しているようなメディアとの関わりをより深く考える授業設計が必要となってくる。

　　食品 CM は、「家族の温かな団欒」「優しい父母と健やかに育つ息子と娘」「男らしさ・女らしさ」など、一定の家族イメージを飽きることなく放出する。実際にそんな家族がいるかもしれない。しかし、たいていはそんなイメージからはずれている。それなのに現実味の薄い CM を作成する。それを不思議に思い、疑問を抱く。率直に口に出してみる。CM に触れ、商品の魅力を十分感じるかもしれない。しかし、同時に CM の世界が現実の世界とは異なることを知る。CM では描かれない、違った世界への気づきがある。　見られる CM は同じである。しかし、人によって見方もしくは評価の仕方は違う。その多様性を重視する教育方法・手段。それが「メディア・リテラシー教育」である。

　このようなメディアの現実に深く切り込む教材を、いかに授業に位置づけていけるか、今後の D-pro の実践の蓄積に期待したい。また、そういう授業作りの意義や価値について知っている一部の教師だけが取り組んでいるという実態に、しっかりと目を向ける必要があろう。

（2）マスメディアからソーシャルメディアへ

　先に述べたように、子どもたちを取り囲むメディアは、今やテレビ・ラジオや新聞等のマスメディアだけではない。携帯電話、携帯ゲーム機、スマートフォン等の情報端末ツールは急速な拡がりを見せている。 そして、これらのツールは、誰でも発信者になることを可能にした。

　事例3では、子どもたちの交流の手段としてSNSを利用している。交流校という相手が見えるSNSであっても、場にふさわしくない発言をしたりトラブルを起こしたりしている。ソーシャルメディアの拡大により、親や教師の見えないところでの情報のやりとりが、今後も増えていくことが予想される。メディアから送られる情報を批判的に読み解き、必要な情報を適切に評価し選択する力、さらに自らもメディアを活用して情報を発信する力を育むメディア・リテラシー教育は、ますます重要度を増すであろう。

　今後、初等教育において、取り組まなくてはならない重要な課題であるという認識をもち、それぞれの学校での取り組みを検討する時期にきているといえよう。

（佐藤　幸江）

【引用・参考文献】

浅井和行（2011）「新学習指導要領におけるメディア・リテラシー教育の要素分析」『京都教育大学教育実践研究紀要』11，pp.209-218

水越敏行（2000）『メディアリテラシーを育てる』明治図書

中橋　雄（2014）『メディア・リテラシー論——ソーシャルメディア時代のメディア教育』北樹出版

中橋　雄（2014）「学習到達目標から考える授業デザイン」D-PRESSVol.1
　　（2016年8月31日取得，http://www.d-project.jp/d-press/）

関本英太郎（2010）「今，なにゆえメディア・リテラシー教育なのか」『日本情報科教育学会第3回全国大会配布資料』

ICT 教育環境と
メディア・リテラシー

1. テレビにおける学校放送やそれを取り巻く ICT 環境

　学校の ICT 教育環境において、メディアを読み解き、活用し、表現する場面では、「主に教師が提示用に活用する ICT」「主に児童生徒が学習用に活用する ICT」などのケースがある。これらは、ICT 機器やインターネットなどのインフラ整備などハードとしての面と、学校放送やデジタル教材などのソフトとしての面がその時代によって、変遷を重ねてきた。本節では、まずテレビにおける学校放送やそれを取り巻く ICT 環境について述べていく。

　1960 年代に入り、ラジオ放送に加え、テレビによる学校放送が開始された。それまでは、例えば機関車の姿形など、一度も見たことがないものに関する知識・理解を補完する役割を教科書が担ってきた。挿絵は、国語科の説明的な文章教材等において、メッセージがより伝わりやすくなるように使われてきた。一方、物語的な文章教材等では、作り手と受け手がその世界を共有するような挿絵の使われ方がされてきた。滑川は、すぐれた絵本ほど、言葉と絵が相補的に強化され、この傾向は写真・マンガの場合も同様であると主張している（滑川 1979）。社会科や理科などにおいても、イラストや図表・写真等が抽象的な事象を具体的にイメージさせたり、児童生徒の事象等の理解を補ったりしてきた。

　そのような中、テレビでの学校放送は、それまで教室にある教科書やノート、掛図などだけで授業を行ってきたものを、教室外からたくさんの情報を映像とともに受け取ることができるようにした。これを受けて、藤岡は「テレビで教えるのがよいか、教科書で教えるのがよいかといった二者択一の議論はもはや

今日的意味をもちえない。思考や行動の上で、ある場合にはテレビのような映像イメージが大きな役割を果たし、ある場合には活字メディアを含めた言語的説明の方が大きい役割を果たすからである。映像に浸って『わかった気になってしまうこと』も、イメージの支えのない『概念的な理解』で固まってしまうことも克服されねばならない。」と警鐘を鳴らしている（藤岡　1981）。

　80年代になると、ビデオカメラも学校に導入されるようになり、映像を視聴するだけでなく、制作したり活用したりする能力や学習活動にも目が向けられるようになっていく。吉田は、映像教育を実施していく際に期待する能力として、①映像視聴能力：受け手としての能力（a: 内容を理解し捉える力、b: 状況や心情に反応し感じ取る力、c: 情報把握し表現する力）、②映像制作能力：送り手としての能力（d: 現状をつかみ問題をみつける力、e: 情報を構成し組み立てる力、f: 自分の考えを効果的に伝達する力）、③映像活用能力：使い手としての能力（g: 自分に必要な情報を選択する力、h: 目的に合わせて情報を利用し生活に役立てる力、i: 情報を批判的に眺め真実を見抜く力）と、整理している（吉田　1985）。

　90年代になると、さらにメディアの活用が多様になってくる。水越は、「多メディア、多チャンネル化の進展に伴って、パーソナルコンピュータをはじめとする新しいデジタルメディア機器が登場してきたこと」「マスメディアの情報は送り手に構成されたものであり、市民はそれを批判的に受け取り、解釈をしていく必要があるという意識が芽生えてきたこと」の2点を挙げ、メディア状況の変容を指摘している（水越　2000）。

　これらの流れを受け、2000年代になると、新たにメディアの活用そのものを扱うような学校放送番組も登場した。例えば、2001年に小学校高学年用の教育番組として「体験！メディアのABC」、2008年には「伝える極意」、2012年には「メディアのめ」が放映され、教科・領域の枠を超えて活用している様子もみられた。例えば、「メディアのめ」は、小学校4年から6年を対象に、「写真一枚で世界を切り取れ！」「お客の心をつかむ！ポップの言葉」「知ってる？ニュース番組の舞台裏」など、メディアの特性に着目できるような題材を15回にわたって放送した。

第1節　テレビにおける学校放送やそれを取り巻くICT環境

このように、長らく学校放送はテレビでの一斉視聴が主であったが、インターネット環境とタブレット端末の導入で、「一斉視聴から個別視聴へ」「テレビでの視聴オンリーから＋インターネットでの閲覧へ」「番組オンリーから＋クリップ（デジタル素材）へ」「授業内での視聴オンリーから＋授業外での視聴・閲覧へ」と活用ステージが移行・拡張しつつある。

2. インターネットの教育利用

1990年代は、インターネットの教育利用が活発になってきて、公共機関や企業等がインターネット活用に関するプロジェクトを開始する。

1994年にはアップルコンピュータ株式会社と国際大学グローバル・コミュニケーション・センター（GLOCOM）が共同で実施（のちに「メディアキッズコンソーシアムが運営」）した学校間交流プロジェクトである「メディアキッズ」がスタートした。ここでは様々なメディアを読み解いたり、表現したりする学習活動が展開された。筆者も実践者として参加したが、横浜市の小学校で2年生を担任した時に、生活科で「小2ゆうびんきょく」というインターネットと郵便の両方を使い、北海道の小学校2年生と文通する学習を行った（図6-1）。ここでは、「メディアキッズ」（インターネットの掲示板）を選んで交流する児童と、郵便局から手紙を送る児童に分かれた。それぞれの児童の主張は、「すぐに送れ、すぐに返事が来る。郵便だと何日も待つことになる」「書くことを間違ってもきれいに何度もなおせる」（インターネット派）、「自分のお気に入りのものも封筒に入れて送れる」「自分の字で書けて一文字一文字ここを込めている感じがする」（郵便派）などで、小学校2年生なりに、経験をもとに、メディアの特性を考え、メリット・デメリットを議論するに至った。

また、1994年には、通商産業省（現・経済産業省）と文部省（現・文部科学省）が共同で「100校プロジェクト」を、1996年にはNTTが「こねっとプラン」を、1999年には、先の100校プロジェクトの後継として「Eスクエア・プロジェクト」を開始させ、インターネットの教育利用が加速していく。

図6-1 「小2ゆうびんきょく」の一場面

　学校放送番組に関しては、テレビでの視聴だけでなく、インターネットでの活用を想定した1分程度の映像素材（クリップ）も各番組に付随して公開している。学校放送番組自体も学校放送サイト「NHK for School」として、いつでも利用可能な状態になっている。また、もともと教育用として作られていない映像等についても「NHKデジタルアーカイブス」として、教育活用できるように整理されている。特に、「クリエイティブ・ライブラリー」では、NHKアーカイブスの番組や番組素材を簡単に並べ替えたり、加工したりしながら、表現活動に活用できるようになっている（図6-2ab）。

　児童生徒のケータイ・スマホの所持率が高くなるなど、ネット社会との関わりが強くなってきた現在、インターネット環境そのものを教材とした事例も見受けられるようになってきた。例えば、「ケータイ・スマホメールの良さと問題点を考えよう」（小学校6年生・総合的な学習の時間）がある。本事例は、「どこでもいつでも利用できることや画像を添付できること、一度に複数の相手に送信できることなど、ケータイ・スマホメールの良さに気付く」「文字によるコミュニケーションはトラブルが生じやすく、けんかになったり、いじめのきっかけになったりすることを知る」ことをねらいとしている。無料で公開されているデジタル教材を利用して、具体的な事例に触れながら、自分の身近な題材を取

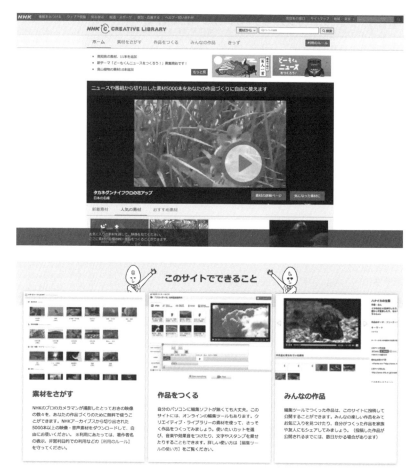

図 6-2a、6-2b　クリエイティブ・ライブラリー（"NHK クリエイティブライブラリー" から掲載）

り上げ、「〜は気をつけましょう」という指導だけでなく、自分ならどう考えるかについて、話し合うことが重要である。

図 6-3a、6-3b 「ケータイ・インターネットの歩き方」ショートビデオ集（一般社団法人モバイルコンテンツ審査・運用監視機構制作）

3. 一斉指導でのICT活用：主に教師が提示用に活用するICT

　昨今、教室に大型のデジタルテレビや電子黒板、実物投影機などのICT機器が配備されるようになってから、一斉指導でのICT活用が日常的にみられるようになってきた。毎年行われる文部科学省の「学校における教育の情報化の実態等に関する調査」では、「電子黒板の整備状況」「実物投影機の整備状況」などは、毎年増加の一途をたどる。本節では、主に教師が教材を提示するため

にICTを活用することによって、児童生徒がメディアを読み解き、活用し、表現する場面について考察する。

(1) 小学校2年生・国語：説明的な文章「どうぶつえんのじゅうい」
（光村図書2上、実践者：青山由紀氏・筑波大学附属小学校教諭）

　動物園の獣医である上田さんのある日の1日を書いた説明的な文章教材である。単元後半、青山教諭は指導者用デジタル教科書にある資料映像を児童に見せる。「同じところと、違うところはどこだろう」と、問いかけ、教科書の内容と動画を比べるように指示してから、再度資料映像を見せる。

　どんな動物にどんな治療をしたか、発表させることで、教科書本文と資料映像を比べ、同じところとちがうところを出させる。児童からは、「同じところは、（日記をつけるなど）毎日する仕事」「ちがうところは『ある日』の仕事」などの発言を引き出した。

　さらに青山教諭は、「どうして上田さんは、この日を選んだのだろう」と問いかける。筆者の意図に迫らせるために、第1段落と第7段落に着目させ、資料映像の仕事内容を黒板に貼った写真とメモとを比較させた。そこから、教科書の『ある日』は命に関わる治療が多いので、大変なのは、教科書の『ある日』の方であることや上田さんがこの日を選んだ理由に気づかせた。

　本教材は、「読むこと教材」である。「読み」は、以下の3つの段階に分けられる。

　①書かれている事柄や構成を正しく読み取る

　②述べ方もふまえて、筆者の考えを読む

　③書かれている内容、筆者の主張、述べ方などに対して、自分なりの考えを表現する

　これまで、とかく①の「読み」

図6-4　資料映像を確認する児童（光村図書出版「国語デジタル教科書」2年上巻「どうぶつえんのじゅうい」）

Chapter06　ICT教育環境とメディア・リテラシー

が中心であったのに対し、青山教諭が実践したように、②や③といった「解釈・評価の読み」が求められている。このことは、学習指導要領で示されている「自分の考えの形成及び交流」「効果的な読み方」「目的に応じた読書」につながるだけでなく、映像情報をどのように付加して「読み」につなげるか、映像情報と言語情報の行き来をどのようにしていくかということも視野に入れながら進めていくことになる。

　もっとも、本場面で青山教諭の行ったICT活用は映像資料を見せただけである。しかし、映像情報と言語情報の比較をすることになるような場面で、映像を繰り返し見せる・必要な場面で止めて見せる・ある部分を拡大して見せるなどのICTの特性を活かしながら活用することで、①だけでなく②や③に迫ることができるのである。

　本実践で、児童は獣医さんの仕事内容や1日の動きをつぶさに確認しつつ、映像情報（資料映像）と言語情報（教科書本文）の比較に迫られる。国語科では、このように様々なメディアを読み解く経験を積んでいくことが、結果的に、本文の内容を理解することにつながる。

（2）小学校2年生・国語：物語的な文章「お手紙」（光村図書2上、
実践者：佐藤幸江氏・当時横浜市立高田小学校教諭）

　児童は、全文を熟読した後、印象に残った箇所のカルタを作る。このことにより、その児童の本題材の解釈が表現されることになる。その絵と文章から、議論になりそうなものを教師が選択し、その理由や根拠を述べさせる。例えば、2人の主人公「がまくん」と「かえるくん」が、ある場面でケンカをしているというカルタを作った児童に対して、「ケンカなのかな？」と投げかける。ケンカだという解釈をした児童とケンカではないという意見の児童が、なぜそのように考えたか、デジタル教科書本文に理由や根拠になる箇所をマーカーで線を引いて示しながら説明する。

　カルタ作りも理由や根拠の説明も、本文を中心に挿絵も含めながら物語の世界を味わい、その解釈を説明していた。電子黒板とデジタル教科書は、理由や

根拠を説明する時に、線を引いたり、挿絵を拡大したりして、分かりやすく説明するのに活用していた。

本実践は、情報内容から背景にあることを読み取り、自分なりに解釈している場面であり、メディアの読解・解釈する能力に、拡大したり書き込んだり（消したり）自在にできる、電子黒板と指導者用デジタル教科書の特性が活かされたものといえよう。

4. 一斉指導から協働・個別学習場面へ：主に児童生徒が学習用に活用するICT

これまで学校に導入されてきたこれらの機器は、児童生徒が発表する際にも使えるが、主に教師が提示用に活用するものだった。特に教室で使う機器に関してはこの傾向が強かった。コンピュータ教室にあるPCがノート型である場合、教室に持っていけないことはないが、現実的に頻度としてはそう高いものではなかったように思われる。しかし、ここにきて、教室で「主に児童生徒が活用する機器」としてのタブレット端末が急速に整備されつつある。

タブレット端末には、学校に導入される機器としてどのような特徴があるのか、筆者は以下の5つに集約されると考える。

図6-5a、6-5b　グループでのリーフレット制作、体育での動きの確認の場面（写真提供：菊地寛教諭、浜松市立三ケ日西小学校）

① personal

　個人やグループのペースで調べたり、まとめたりすることが可能になった。例えば、これまでは電子黒板などで一斉に映像を見てから活動に入る必要があったのに対し、グループの話し合いのタイミングで何度も繰り返し映像を確認したり、個人のペースで必要なときに情報を取り出すことができるようになった。このことは、例えば、各グループ作業の進捗により使ったり使わなかったりを選択できることになり、活動の制限が軽減されたといえる。

② compact

　わざわざコンピュータ教室に行かなくても活用が可能になった。タブレット端末が導入されている学校では、これまであまり見られなかった体育館や理科室などへの持ち込みも増えていると思われる。2011年に公開された文部科学省の教育の情報化ビジョン「21世紀にふさわしい学びの環境とそれに基づく

図6-6　「21世紀にふさわしい学びの環境とそれに基づく学びの姿（例）」から

第4節　一斉指導から協働・個別学習場面へ：主に児童生徒が学習用に活用するICT

学びの姿（例）」によると、すでにこの時点で様々な場所に持ち出して使う様子がイメージされている（図6-6）（丸印筆者加筆）。

③ all in one

　さらに、「all in one」であることから、図6-8のように、動的なツールであることを活かし、この11の動作を連動させながら活用している例を目にする機会が増えた。例えば、「撮って」「書き込んで」「大きくして」「見せて」「保存する」ことが、1台のタブレット端末でできるようになって、メディアを読み解き、活用し、表現する場面での活動の幅が広がった。

---

①　（文章などを）読む
②　（映像などを）見る
③　（声・音や音楽を）聞く
④　（文字や文章を）打つ・書く
⑤　（ラインなどを）引く・（図表や写真などの上や横に）書き込む
⑥　撮る
⑦　動かす
⑧　大きくする
⑨　見せる
⑩　（デジタルテレビなどや友達のタブレットに）送る
⑪　保存する

図6-7　動的なツールとしてのタブレット端末（中川　2015）

④ platform

　児童生徒の思考を可視化するツールとして、また、表現活動を支えるツールとしてタブレット端末は機能している。前述した青山教諭は、3年・国語科、説明的な文章教材「すがたをかえる大豆」の第2教材・書く活動の授業を年度を越えて2度行っている。1度目はタブレット端末を使って、2度目は貸与を受けたタブレット端末の返却に伴ってノートと付箋紙を使って、「食べ物はかせになろう」文章化のために児童にマッピングを作成させた。その結果、タブレット端末上のカード（アイコン）もノートに書いたマッピング上の付箋紙も、

114　Chapter06　ICT教育環境とメディア・リテラシー

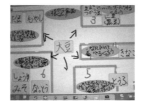

図6-8a　タブレット端末上のマッピング

図6-8b　ノートと付箋紙上のマッピング

自由に動かせる機能性はもっていたにもかかわらず、タブレット端末活用では元の形（中心概念から第1階層、第2階層と放射状に線で結び広げる）が児童個々で独自になった（図6-9a）のに対し、ノートと付箋紙の活用では、ノートに鉛筆で書いたにもかかわらず、中心概念（材料）から放射状に結んだ線の変更は見られず、ほとんどの児童が形を崩さずにカードの移動がないままに終わった（図6-9b）。このことから、タブレット端末とノート・付箋は、同じような機能をもっていたと教師が感じていたにもかかわらず、言葉を配置し、つなぐ際の自由度には、かなりの差があったことと考える。

⑤ Public

　タブレット端末で書き込むことが紙の教科書やノートと決定的に異なるのは、「半オープンである」ということだ。教師も「じゃあ○○さんが書いているものを見てみようか？」と電子黒板やプロジェクターに転送・提示してしまう。つまり、情報共有が前提で使われる、ということだ。これが紙のノートだと、自分のものを見せるには、もっと抵抗感があるのではないかと考える。つまり、

紙のノートに書き込んだものはタブレット端末に書き込んだものほどオープンなものとしては認識されていない。タブレット端末の転送・提示機能は、とてもテンポよく、しかも教室全体で共有できる便利な機能だ。児童生徒も、大画面のスクリーンやテレビに提示された内容をもとに発言ができる。しかし、留意点を2つ挙げておきたい。

まず1つ目は、学習内容や児童生徒の実態によっては、途中段階の成果物や記録物がクラス全体で公開されることが、必ずしも良いことではない場合もあるということだ。紙のノートだと、このプロセスがいきなり公開される場面はそんなに多くない。半オープンであるがゆえに、今、公開すべき場であるのか、検討する必要はある。

このように、児童生徒のタブレット端末と教師用タブレット端末、あるいは電子黒板等との情報共有や転送に威力を発揮するのが授業支援ソフトだ。児童生徒の学習進捗や状況を把握したり、ある児童生徒の書き込みをそのまま大画面で提示したりすることは、これまで机間指導でやりきれなかった児童生徒理解に一役かっている。しかし、40人近くのリアルタイムな書き込みのどこに注目してそれを瞬時に判断し授業内で活かすのかが難しい。教師がしっかり視点をもって画面を見ていないと、目の前の児童生徒の見取りがおろそかになってしまうこともある。これが2つ目の留意点だ。

これらの特徴を活かしながら、メディアを読み解き、活用し、表現する場面において、タブレット端末が活用されている事例は多く見受けられるようになってきた。さらに、タブレット端末に限ったことではないが、主に児童生徒が学習用に活用するICTとしては、自治体や任意団体により、様々な活用事例が蓄積されてきている。以下では、教員を中心としたコミュニティ「D-project」における表現活動の実践について紹介する。

（1）小学校4年生・国語：アップとルーズのスライドショーを作ろう
（実践者：前田康裕氏・当時熊本市立飽田東小学校教諭）
「学校のよいところを知らないうちの人に紹介しよう」という課題である。

図6-9　児童の制作したスライドショー

　まず、実際のスポーツショーを視聴し、アップとルーズの効果を話し合う。次に、「撮影―写真の選択・構成」「ナレーションの作成・検討」「BGMの選択」「ナレーションの録音」と行い、発表会―振り返り活動へと進む。スライドショーは静止画6枚で構成する。1人1人がナレーション原稿を作成するが、スライドショーはグループで1つ制作するため、誰の原稿を選ぶか、あるいは、統合するかについて、議論を重ねることになる。この議論を通して、「伝えたいことは何か」「6枚の構成は適切か」「映像と言葉（ナレーション）は合っているか」などを改めて検討することになった。

　図6-10のように、映像や図表と言葉・文章との関係は様々なケースが考えられる。①～④は「理解」であり、⑤～⑥は「表現」である。発達段階にもよるが、年間を通じて、様々な学習活動を経験させることが重要である。言語情報の理解と表現に映像情報を絡め、そして映像情報と言語情報とを同等なものとして評価し、段階的に学習活動を進めていくことが、今後ますます求められ

てくるのではないかと推測する。

---

① 映像からイメージを広げる
② 映像・図表からメッセージを読み取る
③ 映像・図表から読み取ったことを言葉・文章で表現する
④ 映像・図表と言葉・文章から読み取ったことに関して根拠をもって伝える
⑤ 言葉・文章で伝えるメッセージの補完を映像・図表で行う
⑥ メッセージを映像で構成する

図 6-10　理解と表現における映像情報と言語情報の行き来

　現在の児童生徒は、何かを撮影したり簡単な編集を行ったりすることに抵抗がなくなっている傾向が見て取れる。国語科を核に、全教科・領域を見据え、様々な学習活動で、タブレット端末等を活用しながら、映像情報と言語情報の行き来を意識させるよう横断的にカリキュラムを検討したい。

(2)「気体 X、Y を特定せよ」（実践者：岩崎有朋・鳥取県岩美町立岩美中学校）

　本実践は、実践者によると「ある化学反応で発生する気体 X、Y について、2 つのグループに分かれて、それぞれ特定させる学習」である。既習事項などから気体 X、Y を特定する証拠を集める。その上で、特定に至る実験を行い、そのプロセスをタブレット端末で撮影し、反応の様子を示しながら既習事項から明らかになったことをホワイトボードにまとめ、実験映像とホワイトボードを示しながら説明し、他のグループの生徒を納得させる。実験の結果をなんとなく理解し、ノートに書くだけでは、事象を説明し、納得させることはできない。実験映像も最後に説明することをイメージしながら何をどのように撮影するのかを検討することになる。

　井上は、「言語論理教育」を提唱し、次の 3 点について判断できる思考能力を子どもにつけることの必要性を示している（井上　2001）。

　・情報の中身がホントかウソか（真偽性）

118　Chapter06　ICT 教育環境とメディア・リテラシー

・考えの筋道が正しいか正しくないか（妥当性）
・情報はどの程度確実であるか、また、現実と照らし合わせて適切であるか（適合性）

これらは、岩崎教諭の理科の授業においても通ずるものであり、教科横断的に検討すべき事項であろう。

図6-11 既習事項の整理（ホワイトボード）と実験映像（タブレット端末）から結論に至った証拠を示す

タブレット端末の導入は進んではいるが、常時、児童生徒1人1台の整備が浸透するにはまだ時間がかかる。しかし、そうした整備が浸透した時点で、「共有物としての活用」から「個々の思考を支える道具の活用」として、活用状況が大きく変わる。一人ひとりが自分なりの考えを可視化し、独自のメモやマッピングを行うようになると考えられるからだ。そうなると、児童生徒には、個々に持つタブレット端末の特性を十分に理解し、目的に応じた使い方や他メディアとの組み合わせなどができる「メディアを使いこなす能力」が必要になる。同時に、教師はどのように一人ひとりのツールと対峙するのか、授業そのものの枠組みの見直しをするのか、これまでの授業での機器の活用のあり方や位置づけを再考する必要がある。

以上、様々な事例をもとにICT環境について述べてきた。ICTの特性であるカスタマイズできること（拡大する、書き込む、消す、隠す、コピーするなど）、マルチメディアであること（動画や音なども組み合わせることができる）、時間や空間を超越できること（情報通信ネットワークを活用した遠隔交流、教室内での大型定時装置への転送など）などを生かすことで、メディアを読み解き、活用し、表現する場面において、学びを拡張することが可能となると考える。

（中川　一史）

【引用・参考文献】

D-project（2016 年 6 月 30 日取得，http://www.d-project.jp/d-press/）

藤岡完治（1981）「二 まとめと考察（1） 2 映像メディアと活字メディアの相補性」水越俊行編『視聴能力の形成と評価』日本放送教育協会，pp.193-194

井上尚美（2001）「Ⅱメディア・リテラシーと国語教育」井上尚美・中村敦雄編『メディア・リテラシーを育てる国語の授業』明治図書，p.27

水越　伸（2000）「メディア・リテラシーと教育のゆくえ」『21 世紀の教育と子どもたち 3 学びの新たな地平を求めて』東京書籍，pp.274-275

中川一史（2015）「21 世紀型コミュニケーション力とタブレット端末の活用」中川一史・山本朋弘・佐和伸明・村井万寿夫編『タブレット端末を活用した 21 世紀型コミュニケーション力の育成』，p.13

滑川道夫（1979）『映像時代の読書と教育』国土新書，p.129

NHK デジタルアーカイブス（2016 年 6 月 30 日取得，http://www.nhk.or.jp/archives/digital/education/）

山本朋弘・佐藤幸江・中川一史（2014）「小学校国語の指導者用デジタル教科書の活用効果に関する教職年数での比較分析」『第 21 回日本教育メディア学会年次大会発表論文集』日本教育メディア学会，pp.168-169

吉田貞介（1985）「映像教育の考え方」吉田貞介編『映像時代の教育』日本放送教育協会，pp.32-33

問題設定を行う
メディア・リテラシー教育用教材

1. メディア・リテラシー教育用教材として何が必要なのか

　教育現場では「ICT 教育」、「デジタル教科書」などの言葉が盛んに飛び交っており、デジタルメディアも導入されはじめている。初等教育の現場では、手軽さからかタブレット端末が導入されやすい。平成 23 年の文部科学省「教育の情報化ビジョン」以降、タブレット型端末が教育現場に導入され続け、文部科学省が公開した「平成 26 年度 学校における教育の情報化の実態等に関する調査結果（概要）」によれば、教育用コンピュータのうちタブレット端末の台数は 156,356 台である。数字だけ見れば膨大な量にも感じる。そもそも大学のような高等教育の現場では「教育の情報化ビジョン」以前より情報リテラシーと総称されるようなパーソナルコンピュータ（以後、PC）を利用した情報処理能力の育成や Microsoft 社の Word や Excel といったビジネス系ソフトウェアの基本操作から活用までを初年次教育として実践している。そのため、大学内には数百台の PC から専用サーバ、無線 LAN も含めたインターネット環境などのインフラも含め ICT 環境はすでに整っており、正規授業科目以外にも資格取得支援のための e-learning の活用や学内向けポータルサイトによる情報共有、e-portfolio による学生の学習履歴の管理まで、当然のように ICT が利用されている。一方、初等教育の現場ではどうであろうか。先ほど、タブレット端末の導入台数は 156,356 台と書いたが、ICT 環境の整備を推進するために始まった総務省の「フューチャースクール推進事業」実験校や民間の助成により「1 人 1 台のタブレット端末」が与えられはじめている。ICT 環境の充実によりインターネット経由の情報共有や調べ学習が可能になり、タブレット端末そのもの

を活用した授業により、子ども達のICT活用能力やメディア・リテラシーの向上に貢献している。また、デジタル教科書という概念もあり、PCよりも手にとって使用できるタブレット端末が多く導入されており、あらかじめ準備された授業支援システムの他にも既存の学習アプリやDropboxやevernoteなど既存のクラウドサービスを利用して授業資料のアーカイブ化と情報共有に活用した事例もある。小学校や中学校などの初等教育の現場でも、ICT環境が整えば非常に有効な活用方法があることも事実である。しかしながら、地域からの寄付行為のおかげでようやくICT環境の充実を図れる場合もあり、普及しているのはまだ一部に過ぎないと感じる。「1人1台のタブレット端末」という環境がすべての初等教育の現場に普及するのはまだまだ先のようである。

　その一方で、すでに家庭内ではPCを中心にスマートフォンやタブレット端末などのICT機器が揃い、気軽にインターネットに接続できるICT環境が整い、ソーシャルネットワークサービス（以後、SNS）などを利用している。初等教育の現場はどうかというと、インターネットやSNSに関する学びは少なく、視察をすると想像以上にICT環境を活用できていない状況が垣間見える。問題点は機器類の準備や移動に時間がかかりすぎることや、活用する教師側のモチベーションが低いこと、インターネットを利用できる場所が限られていることなど様々だが、そもそもフューチャースクール実験校以外の小学校などでは予算的にICT環境の整備に苦慮している場合もある。また、家庭内の方がよりICT環境を利用していることから、講義型のメディア・リテラシー教育や情報モラル教育ではカバーしきれないことは予想できる。事実、小学校の高学年にもなると自分専用のスマートフォンやタブレット端末を持つ子どももおり、YouTubeでゲーム実況動画を鑑賞し、TwitterやLINEなどのSNSを利用し、ソーシャルゲームをプレイして楽しんでいる。また、近年はSNSによるイジメ（例えばSNSを代表するコミュニケーションツールでもあるLINEで起こる、「既読無視」などによって故意にグループから外してしまう行為など）が起こっても、適切な対応ができているか大人からは見えにくい状況である。このようなトラブルが多発しているにもかかわらず、情報モラルに関する授業実践が少ないこともあり、ソー

122　Chapter07　問題設定を行うメディア・リテラシー教育用教材

シャルメディア（特にSNS）学習に特化したデジタル教材を開発し、ソーシャルメディア時代とよばれる現在の状況に有効なメディア・リテラシー教育を実現したいと常々考えていた。ここでは実際にタブレット端末用のソーシャルメディア学習用デジタル教材の開発事例を取り上げ、技術的要素や実際に学習コンテンツとして運用する場合の問題点も踏まえて考えていく。

2. デジタル教材の開発をするにあたり

　事例となるデジタル教材の開発は、ソーシャルメディア時代に対応させたメディア・リテラシー教育用教材であることが大前提である。既存のメディア・リテラシー教材の多くはメディアを活用した情報の取捨選択を行うものやメディア表現による情報発信を行うものがほとんどである。もちろん、ソーシャルメディアを意識しているものもあるが、得てしてメールや掲示板、Facebookなどの使い方に関するネットリテラシーであったり、コミュニケーションツールアプリの代表でもあるLINEの使い方講座であったりと情報モラルや情報リテラシー教育であり、既存メディアとしてソーシャルメディアを意識しているものは少ない。もちろん、すべて有益な教材である。

　ここでは視点を変え、ソーシャルメディアをメディアの有力な一部分として意識することでメディア・リテラシーに加えコミュニケーション能力の向上が見込めるのではないかという仮説を立てた。それによりソーシャルメディアを理解し、体験し、自ら考えることでメディア・リテラシーの獲得につなげる教材を目指した。

　なお、タブレット端末による学習性の先行研究は多くある。例えばタブレット型端末の学習コンテンツを4種のインターフェースに区別し、紙面教科書、iOSデフォルト（紙面スキャンによるPDF化）、i文庫（ページめくり機能という位置的・量的な表現）、iBooks（HTMLによる再構成で動画・音声コンテンツを配置）という4種のインターフェースに区別した実験がある。この実験により身体性が被験者の学習性を向上させる要因となっていることが分かっている。また、デジタル

第2節　デジタル教材の開発をするにあたり　123

教材として表現する場合、単に紙面の模倣ではなくピュアデジタル（例えば
HTML や CSS）での構成でも、それ自体が学習性低下の決定的な要因にはなっ
ていないことも実証されている（加藤・海老根　2013、川瀬・加藤　2013）。つまり、
単純な教材のデジタル化では学習成果はみられず、実際の書籍のページを指で
めくるような動作がもつ位置的な感覚や量的な感覚が、学習時の記憶や理解に
貢献しているのである。「身体性」を喚起することにより向上が見込めるので
あり、加えて、マルチメディアの特性である動画や音声を同時に発することが
できるメリットにより学習性が向上するとも考えられる。ただし、学習と身体
性の関係を重視するとページめくり機能の追加など複雑な構成になる可能性も
ある。また、身体性の再現を行うためには 3 次元空間を 2 次元化したタブレッ
ト型端末用学習コンテンツにみられる画面操作ではなく、3 次元空間内で学習
行為が行えるような VR 学習空間が理想となる（川瀬・加藤　2013、川瀬・加藤
2014）。そのため、今回の開発事例では切り離している。

　今回の開発事例では、ソーシャルメディアをインターネットと同様に一方的
なマスメディアとは異なり、情報の発信者と受信者がつながっているメディア
であると位置づけている。ソーシャルメディアというカテゴリー内にある
SNS を中心に、アクセスする人々が情報の受け手であり情報の送り手でもあ
るため「拡散」という現象が起こるのであり、情報の伝達が目的ではなく、人
とのコミュニケーションをとることが目的のコミュニケーションツールに、メ
ディア要素が加わったと考えている。そのように捉えることから、「理解する」
「体験する」「自ら考える（立案する）」という 3 点を中心に学習するデジタル教
材を開発して、ソーシャルメディアという「場」においては自分自身の行動に
合わせて「コミュニケーションのあり方や捉え方が変わる」と意識することが
重要であると考えた。ソーシャルメディアという空間の中で「自分自身で選択
して行動」することを体験する、学習者の体感に資することを目的としている。

3. 実際の開発環境と開発技術

　入出力デバイスの選定はタブレット端末としている。タブレット端末の大き
な特徴は PC よりも手軽で持ち運びが容易な点である。その中でも「iPad」を
採用している。理由は、既存の学習アプリが多く存在しているため拡張性があ
ること、ボタンが 1 つで操作が直感的であること、初等教育の現場で導入事例
が多いことである。現状ではタブレット端末に組み込む（インストールする）パッ
ケージ型のアプリ形式や Web ブラウザを開きサーバ経由で動かす e-learning
型のデジタル教材が多くみられる。どちらにしても利用する環境により導入さ
れるシステムは異なるが、タブレット端末では簡単にインストールできること
からアプリ形式のパッケージ型デジタル教材が主流である。例えば、iOS アプ
リや Android アプリを発見するためのアプリ情報サービスである Web サイト
「Appliv」をのぞくと、勉強・教育とカテゴライズされた iOS アプリだけでも
2,000 種類以上も存在している。また、疑似体験ができるデジタル教材も数多
く存在し、総務省の情報モラルやメディア・リテラシー教材を提供する Web
サイト「情報モラル ICT メディアリテラシー教材　伸ばそう ICT メディアリ
テラシー」では PC で稼働するネット対応型情報モラル育成教材がダウンロー
ドできる。デジタル教材自体は「ICT シミュレーター」と「解説用コンテンツ」
で構成されており、その中で疑似体験ができる仕組みである。この中には「シ
ナリオモード」と「フリーモード」があり、指導案に従って使用する場合とブ
ログやメール、掲示板などのシミュレーター機能を単独で操作する場合とが選
択できるようになっている。このアイデアを参考にして、今回開発した教材に
「授業用」と「自由にクイズ」という機能をもたせることにした。なお、今回
の開発事例では学習履歴や学習のための「問題＝クイズ」のデータ蓄積が容
易に行われるように Web サーバを活用するが、教材置き場という捉え方では
なく親和性が高いことから Web ブラウザをベースに開発をしている。

　デジタル教材による学習について様々な意見があるが、すでに 3 次元空間に
よる学習コンテンツ開発や、タブレット端末以外にも HMD のような次世代デ

バイスでの開発も進んでいる。しかし、現在のICT環境を活用できていない状況では次世代デバイスの導入は非常に難しい。また、PCよりも安価で手軽という観点やデジタル教科書という概念が普及していることからもタブレット端末で学ぶためのメディア教材開発を行うことが現実的である。

4. デジタル教材の開発ポイント

デジタル教材開発にあたり、小学生（中学年～高学年）をメインターゲットにソーシャルメディア（特にSNS）を学ぶものと想定しているが、大きく4つをポイントとした。

1. Yes/Noのクイズ形式コンテンツ＜知識・理解＞
2. 掲示板（閲覧・投稿），動画（閲覧・投稿）を実際に体験する＜体験＞
3. 管理者（教師）が，誰が・どれくらい知識を得たか確認できる＜確認・フォロー＞
4. 学習により得た知識で設問内容＝クイズを立案する＜自ら考える＞

原則として、SNSを学ぶための教材であり、知識を得て理解してから疑似体験できるコンテンツとした。これはSNSを使い慣れていない学習者が、知識だけでは、実感をもって理解することが難しいためである。また、すでにSNSを使いこなしている学習者に対しては振り返り学習として機能する可能性も高いため、合格ラインに届かないと繰り返し同じ項目を学習することになる仕組みを考えた。シンプルなインターフェースデザインとするためにも、擬似SNSコンテンツは掲示板と動画に限定し、タブレット端末の中ですべてが収まるワンウェイ処理ができることが重要であった。

もう1つ、重要な観点として、このデジタル教材とタブレット端末を利用することで、ICT活用をより意識してもらうことである。ICT活用に対して敷居が高いと感じていたり、苦手意識がある管理者（教師）にも、ストレスなく利用してもらいたい。そこで、どの程度までの難易度に対応しているデジタル

126 Chapter07 問題設定を行うメディア・リテラシー教育用教材

教材であるかを確認しておきたい。ここでは、タブレット端末の小学校での活用事例を収集して分析し、難易度順に6つに分類している（豊田　2012）。

(1) 個別学習ソフトの利用
(2) コンテンツビューワーとしての利用
(3) 情報検索のため
(4) 意見や情報の交換・共有のため
(5) まとめ・表現・発信用途
(6) 校外活動・取材用途

これに沿ってマトリックスを作成し、照らし合わせてみる（図7-1）。
図7-1のように、難易度の高い「校外活動・取材用途」以外にはデジタル教材が関係してくることになる。それほど強く意識しなくとも本教材を活用す

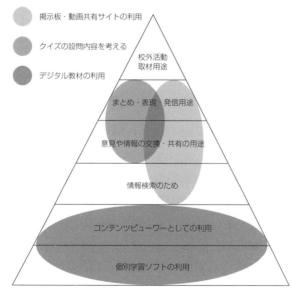

図7-1　難易度のマトリックス

ることで難易度が高いといわれる活動にもかかわることになる。また、タブレット端末の授業活用に対して、ICT活用の基本モデルとして3つ挙げる（永田 2012）。

> (1)「提示」場面での活用
> (2)「共有」場面での活用
> (3)「評価」場面での活用

これも同様にマトリックスを作成し、照らし合わせてみる（図7-2）。

図7-2のように、提示、共有、評価のすべての項目で関わりをもち、学習者の個別学習以外でもデジタル教材の有効性が高い可能性を示している。

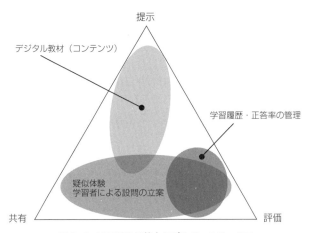

図7-2　ICT活用の基本モデルのマトリックス

5. 学習形式と構成をデザインする

学習形式は「単純」であることが重要であった。これは、遊びの延長から学習に移行するかたちにしたかったからである。「自分で行動する」ことを意識した結果、説明文ばかりで長い文章が続く場合は導入には不向きと感じていた。率直に言えば、導入部分で小難しいと思われたくない。そこで、Yes/Noで答

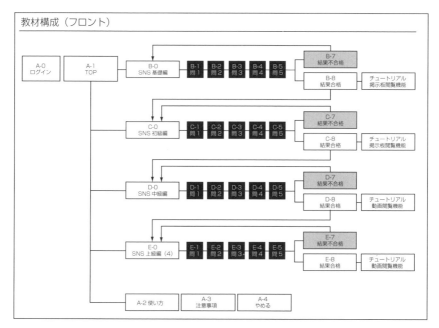

図7-3 学習システムのフローチャート

えるクイズ形式という遊びの要素に近い単純な形式とし、ある一定の正答率でないと次に進めないという段階的に学習するフローチャート（図7-3）とした。クイズ形式であれば二者択一であり考えやすく、次の段階に進むために正答率を上げる必要があるため、次々と問題をこなしていくことで知識の上積みが期待できる。難易度設定は基礎、初級、中級、上級の4段階とした。先に進むためには自ら正解を選択し理解していく必要がある。このように繰り返し学習するフローチャートに疑似体験機能を組み合わせてみた。

また、「理解する」「体験する」に加えて、「自ら考える（立案する）」ことで学習成果を上げたいと考えた。特に「自ら考える（立案する）」という部分では学習した内容からクイズ内容を考えることでオリジナルの問題を提示することができるようにした。なお、実際の場面で考えて行動する意識形成のために「疑似体験」できることとしたが、Yes/Noという単純な判断のみで確実に理解す

ることは現実的に難しい。そのため、クイズ形式を導入として実際には説明画像や解説動画、詳細な説明文がタップして表示されるシステムとした。学習者とタブレット端末の一方通行で終わってしまうのではなく、教師が常に進捗状況を確認でき、時として授業内での学習指導を行うことが理想である。そのためにもミニマムエッセンスのみに絞り、その中で体験ができればベストである。

　管理システムは、あくまでもシンプルな構成とした。管理者（教師）として、誰が・どれくらい知識を得たかを確認できることも学習を進めていくうえでは重要であるが、それを知る労力は意外と大きい。そのため現状確認やフォローのための準備に手間と時間をかけることは、せっかくのデジタルの良さをなくしてしまう可能性がある。

6. 実際にシステム構築をしてパイロット版を作成する

事例となったデジタル教材開発でのシステム概要は以下の通りとしている。

1. iPadを使用（OSはiOS8.1以降）
2. Webベースとしてブラウザ（safari）を利用
3. データ格納・蓄積用の専用サーバを利用
4. 掲示板機能は外部サービスを利用
5. 動画共有機能は外部サービスを利用

　システムの起動はiPadの画面上のアイコンをタップする仕組みとした。それはWebブラウザ経由として認識させないためでもある。Webブラウザを表示してしまうと、別のサイトを利用してしまう可能性もあり、そのためスタンドアロンで動いているような擬似アプリ化を目指した。アイコンをタップした後にログイン画面から学習画面へと移行する。画面にはWebブラウザのパーツが一切表示されない全画面表示のデザインとした。このようにインターフェースデザインは使用環境に合わせてデザインしていくことが重要である。

クイズ問題はランダムに出題されるが、授業内での使用も考慮し統一も可能となるように「授業用」と「自由にクイズ」を選択可能とし、クイズの設問内容の変更も可能とした。これは「自ら考える（立案する）」ことに対応するためである。通常では管理者（教師）が新たな設問内容を一括管理して適応することとなるが、学習内容から考えた問題の提示を学習者が即座にアップロードして書き換えることも可能である。これにより「自ら考える（立案する）」ことで学習成果を上げる、アクティブ・ラーニングの一環としても活動できるようにした。もちろん、学習者のIDとパスワードの管理が可能であり、正解率の出力も可能である。

　疑似体験機能といっても最初は閲覧のみに限定している。Yes/No形式のクイズで合格ラインに達した学習者に限定解除のパスワードが付与され、投稿機能が使えるようになる。そのため、機能制限解除のため必然的に繰り返し学習する仕組みであり、段階的な制限を設けて体験させていく。一度に何もかもできてしまうと、難易度設定として4段階に分けた意味が薄れてしまう。

　なお、安全性を高めるため専用サーバと外部サービスはIDを付与された学習対象者のみで構成されたクローズド環境とした。

7. インターフェースデザインを考える

　インターフェースデザインは現場の教師にインタビュー調査し、それを参考にしてデザインを起こしている。インタビュー調査を実施すると、必ずICT機器の操作感やデジタル教材のインターフェースの話が出てくる。つまり、必要以上に操作が複雑であれば、教師側としては「板書やプリント配付の方が早い」という意識になりICT機器を活用する気持ちが起きないというのが本音であろう。また、近年のWebサイトのデザインを見れば洗練されたデザインも多く、フラットデザインが主流である。学習教材でデザイン性に優れていると感じるモノは少なく機能性重視であるとも感じたことから、選択肢＝ボタンや入力箇所が少ないことを意識して、シンプルなフラットデザインを基調と

図7-4　ログイン画面

図7-5　結果（合格）画面

したインターフェースをデザインした。ボタンをタップするだけで画面が変遷するデザインを基本として、ICT機器の操作感やデジタル教材のインターフェースを苦手にしている教師でも負担が少なくなるように意識した。そのため、文字入力はログイン画面（図7-4）のみである。同時に学習者が感覚的に操作できるように、画面上のボタンは極力少なく配置したデザインとした（図7-5）。

8. 実際に運用するために

（1）学習ルーティンをデザインする

　実際に運用するには学習ルーティンが必要である。大まかな流れとして図7-6のように行われる。デジタル教材における学習全体に関するルーティンは図7-7となり、繰り返し学習は入れ子構造となっている。繰り返しの要素は目標値を達成することであり、設問内容もランダムに出題される。つまり、合格しないと先に進めないシステムのため、必然的に繰り返すことになる。ただし、授業で利用する場合は全員が同じレベルまで到達しているかわからないため、「授業利用」という選択項目を準備している。ここでは決まった設問のみ出題されるため到達レベルの差は問題にされない。管理者（教師）は管理画面で学習履歴などを確認して、どのタイミングで利用すべきか決めることになる。

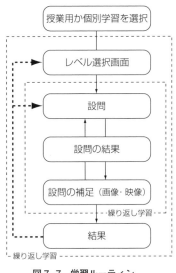

図 7-6　全体のルーティン　　　　図 7-7　学習ルーティン

（2）問題を作成・更新する

　本教材の特徴はクイズの設問内容自体を自由にデザインできることであり、簡単に誰でも変更可能にすることも大きな目的であった。これは、デジタル教材自体の汎用性を広げて有効活用できるようにするためでもある。実際の運用時に懸念される部分としては、以下の2点が挙げられる。

1. 問題文も答えも Excel によるテンプレートに書き込む必要がある
2. Web サーバにアップロードした後にクイズの設問データを更新する必要がある

　1に関しては技術的な解決方法はあり、できる限りタブレット端末内で作業が完了できるように配慮した。そのため直接ログインして書き込みができるように対応させた。ただし、今回の開発事例では、あくまでもクイズの設問をグ

ループ単位で考え、共有するという授業デザインを想定していることをつけ加えておく。

2に関しては自動更新されないため、管理者（教師）が更新作業をすることになる。個人学習ではクイズの設問内容をカスタマイズする想定はしていないが、個人でも更新は可能である。これらの運用ルールは教師の裁量による。

（3）問題点はないのか

デジタル教材特有の問題点がないわけではない。以下のように問題点も見て取れるが、今回の開発事例はあくまでもクローズド環境で運用することが前提である。本来は学内にサーバを置くべきだが、学校の環境により違いがあるため外部サーバを利用することになった。今後も利用環境により変更が生じる部分でもある。

1. インターネット環境が必須
2. データ蓄積用の Web サーバが必須
3. 擬似体験の内容と外部利用の許可
4. 自宅学習が可能かどうか

1について、本教材は、Web ブラウザベースのシステムを利用して作成されているためインターネット環境が必要になる。これは Web サーバにデータを蓄積させることで学習履歴や進捗情報などの管理、学習者が作成したテスト問題のデータ蓄積、外部の Web サービスを利用するためでもある。そのため、インターネット環境がないと多くの機能が制限されることになる。

2も同様に、学習履歴などのデータ蓄積、学習者が作成した「クイズ＝問題」のデータ蓄積など、アプリ化するとデジタル教材の動きが重くなる要因を Web サーバに負担させているシステムのため必要不可欠となる。しかし、学校で Web サーバを準備できない場合は外部有償 Web サーバの契約が必要である。そのためコストがかかること、情報漏洩に対する管理が外部任せになる

懸念がある。

　3の擬似体験の内容は、外部サービスを利用している。例えば、掲示板機能をパスワードによる制限を設けて利用している。また、YouTube に専用チャンネルを作成して利用している。もちろん外部には非公開である。しかし、YouTube などはインターネット環境があれば誰でも利用可能であり、アカウントの作成ができれば動画共有も可能となる。外部サービスの利用で適切ではない情報に接したり、発信したりするための予備知識も与えている危険性がある。この部分はデジタル教材の内容に取り入れ事前学習するなどの配慮が必要である。

　4の自宅学習の可能性だが、これは問題点というよりも今後の検討材料である。現在はタブレット端末を持ち帰ることは想定していない。もちろんWeb ブラウザベースなので自宅でも利用可能であるが、教師側の管理が追いつかなくなる可能性も高い。今後の自宅学習の可能性によっては新たな対応をする必要が生じてくる。

9. ユニバーサルデザイン化と教師の介在

　近年、授業のユニバーサルデザイン化という言葉を耳にする。ここでは授業そのものではなく授業内で活用するデジタル教材のユニバーサルデザインについて考えたい。誰もが参加でき、迷うことが少ないデジタル教材であれば、授業利用だけではなく個別学習でも利用でき、Yes/No で答えるクイズ形式であれば敷居も低く、参加するための初期動機としては成立しやすい。その反面、疑似体験後のフィードバックや正答率の低い学習者へのフォローアップなどは必要不可欠である。プレテストと動作実験を兼ねて大学生に使用させてみたが、「思いのほか単純で分かりやすい」、「不正解時の『×』の出方に驚く」という感想が得られた。学習者は、ゲーム感覚のデジタルコンテンツとして接するようである。もちろん、クイズ＝設問をカスタマイズできる機能を理解しているので、アニメキャラクターや芸能人などの情報をクイズ化するなど、様々な用

途を想定して利用していた。対して、実際のメインターゲットである小学生を対象にプレテストを実施しても、単純でゲーム感覚で進めていけるようで楽しんでいる様子がうかがえる。しかし、限定解除をしないと先に進めないので闇雲に答える（二者択一なので、短時間に何度も繰り返していれば正答する確率も上がるため）という事象が見受けられた。そのため、ゲーム感覚ではあるが、あくまでもSNSを理解するための副本的なデジタル教材であることをフォローする必要がある。

　授業のユニバーサルデザイン化のマトリックスに当てはめて考えてみても、自動的に機能することはないため、教師の介在は不可欠である。クイズの設問内容も適切なものへと精査し更新する作業をするのも管理者である教師であり、学習者が作成したクイズの設問内容の摘要（更新）にも管理者である教師の介在は不可欠である。この作業量を考えれば教師側の負担増加を防ぐためにもデジタル教材は簡易的でなければならない。授業のユニバーサルデザイン化とい

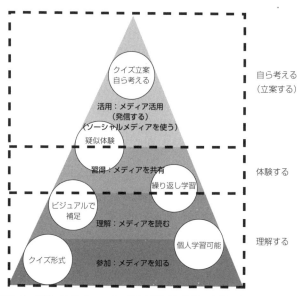

図7-8　授業・教材のユニバーサルデザイン化のマトリックス

う部分を考慮すれば、デジタル教材もアフォーダンスの視点から単純なデザインにする必要がある。このボタンを押すのかどうか、回答が正しかったのか間違っていたのか見ればわかるようにビジュアルに特化したインターフェースでのデジタル教材が必要不可欠ともいえる。

　ソーシャルメディアの大半が情報の伝達を目的としているのではなく、人と人とのコミュニケーションを目的としていると考えるのが正解だとすれば、図7-8のようなマトリックスで、その教材のあり方を考えることができる。ソーシャルメディアは、情報の送り手と受け手との関係性が非常に強いことが特徴でもあるので、その「場」においてコミュニケーションのあり方や捉えられ方が変わることをしっかりと意識するためにも、「理解する」「体験する」「自ら考える（立案する）」の３点を学習できるデジタル教材は最適である。

　デジタル教材は常に進化するものであり、さらなる完成度を高めていく必要がある。そのためには詳細なデータの収集が必要となる。一過性で終わらせず、データを蓄積し常に改善するデジタル教材であれば、汎用性のあるソーシャルメディア時代のメディア・リテラシー教材として有意義に活用できると考える。

（川瀬　基寛）

【引用・参考文献】

赤堀侃司（2015）『タブレット教材の作り方とクラス内反転学習』ジャムハウス

原田恵理子・森山賢一（2015）『ICT を活用した新しい学校教育』北樹出版

加藤亮介・海老根秀之（2013）「電子教材の学習性に関しての検討」『関東学院大学理工／建築・環境学会研究報告』57（1），pp.15-24

川瀬基寛（2013）「教員用の避難経路指示シミュレータシステム構築におけるインターフェースデザインの検討」『十文字学園女子大学社会情報論叢』（16），pp.67-85

川瀬基寛（2014）「大学での教育活動における SNS の利用可能性―― Facebook を活用したゼミ活動における個別指導と情報共有を事例として」『十文字学園女子大学社会情報論叢』（17），pp.45-58

川瀬基寛・加藤亮介（2014）「時世代 HMD を利用した学習用 3D アーカイブ空間の開発と評価（1）――ジャイロセンサとモーションキャプチャによる身体を伴う学習可能性」『十文字学園女子大学社会情報論叢』（17），pp.197-212

川瀬基寛（2015）「タブレット端末で学ぶメディア教育用教材 SNS に関する初期教育に特化
　　したデジタル教材開発と課題」『学習ソフトウェア情報研究センター　学習情報研究』
　　2015 年 9 月号，pp.28-29
小貫　悟・桂　聖（2014）『授業のユニバーサルデザイン入門』東洋館出版社
森山　潤・山本利一・中村隆敏・永田智子（2013）『iPad で拓く学びのイノベーション——
　　タブレット端末ではじめる ICT 授業活用』高陵社出版
中橋　雄（2014）『メディア・リテラシー論——ソーシャルメディア時代のメディア教育』
　　北樹出版
中橋　雄（2014）「ソーシャルメディア時代のメディア・リテラシー」『学習ソフトウェア情
　　報研究センター 学習情報研究』2014 年 5 月号，pp.4-5
中橋　雄（2015）「ソーシャルメディア時代のメディア・リテラシーの構成要素」『学習ソフ
　　トウェア情報研究センター 学習情報研究』2015 年 9 月号，pp.14-15
豊田充崇（2012）「小学校における情報端末活用授業の成立要件とその学習効果についての
　　検証」『第 19 回日本教育メディア学会年次大会発表論文集』，pp.119-122

【参考資料】
Appliv（2016 年 6 月 30 日取得，http://app-liv.jp/）
文部科学省（2009）「教育の情報化に関する手引きについて」（2016 年 6 月 30 日取得，
　　http://www.mext.go.jp/a_menu/shotou/zyouhou/1259413.htm）
文部科学省（2010）「青少年を取り巻く有害環境対策の推進 青少年が利用するコミュニティ
　　サイトに関する実態調査」（2016 年 6 月 30 日取得，http://www.mext.go.jp/a_menu/
　　seisyounen/houshin/__icsFiles/afieldfile/2010/06/24/1295040_01.pdf）
文部科学省（2011）「教育の情報化ビジョン〜 21 世紀にふさわしい学びと学校の創造を目指
　　して〜」（2016 年 6 月 30 日取得，http://www.mext.go.jp/b_menu/houdou/23/04/__
　　icsFiles/afieldfile/2011/04/28/1305484_01_1.pdf）
総務省「情報モラル ICT メディアリテラシー教材　伸ばそう ICT メディアリテラシー」（2016
　　年 6 月 30 日取得，http://www.soumu.go.jp/ict-media/）
総務省（2012）「教育分野における ICT 利活用推進のための情報通信技術面に関するガイドライン」
　　（2016 年 6 月 30 日取得，http://www.soumu.go.jp/menu_news/s-news/01ryutsu05_02000049.
　　html）

メディア・リテラシー教育を実現させる教員養成

1. 教職科目をもつ大学の教育プログラム

　本章では、ソーシャルメディア時代に対応したメディア・リテラシー教育を実現させる教員養成について検討したい。まず、教員免許状を取得するためのカリキュラムとその特徴を確認する。次に教師に求められる姿勢や、高等教育における教育内容と方法を能動的学修と関連させて説明する。それらを基に、筆者の授業を事例として取り上げ、今後の高等教育における教員養成について考察していく。

(1) 教員免許状を取得するためのカリキュラムと特徴

　文部科学省が定める高等教育の教職課程において、教員免許状を取得するための単位区分は以下の5つに分けられている。

　①教科に関する科目
　②教職に関する科目
　③教科又は教職に関する科目
　④その他の科目
　⑤介護等体験

　これらの単位区分はさらに細目に分けられているが、それらの中にも「メディア・リテラシー」が直接明記されているわけではない。しかし、メディア・リテラシー教育に関わる科目は2つあると読み取れる。ひとつは、「その他の科目」の細目において、「情報機器の操作（2単位）」を必修としている点である。この科目はすべての教員にコンピュータの操作能力・指導力が必要であるという

第1節　教職科目をもつ大学の教育プログラム　139

ことから設定された。この科目は、情報機器の操作習得とその指導を前提としており、多くの教職課程をもつ高等教育機関では1年次、もしくは2年次の必修科目として位置づけている。そのため、メディア・リテラシー教育を行うための能力を育成するまでには至らない場合が多い。

　もうひとつは、「教科・教職に関する科目」における細目の取り扱いである。この区分では、以下のように7つの細目に分かれている。

　　①教職の意義等に関する科目：(教職の意義及び教員の役割、職務内容等)
　　②教育の基礎理論に関する科目：(教育の理念、教育に関する歴史及び思想、児童等の心身の発達及び学習の過程、教育に関する制度的事項等)
　　③教育課程及び指導法に関する科目：(教育課程の意義及び編成の方法、各教科の指導法)
　　④道徳の指導法、特別活動の指導法、教育の方法及び技術
　　⑤生徒指導、教育相談及び進路指導等に関する科目：(生徒指導・教育相談(カウンセリングを含む))
　　⑥進路指導の理論及び方法
　　⑦総合演習
　　⑧教育実習

　具体的にメディア・リテラシーに関する内容が明確に定められているわけではないが、例えば選択必修科目に「情報教育」などの科目を設置する大学がある。このような科目では、知識基盤社会における教育や、その教授方法を理解・習得し、初等および中等教育の教員に求められる資質、技術を身につけることを目的としている。

　以上のように、教員免許状を取得するための科目において、具体的にメディア・リテラシー教育を行うような科目が設定されているわけではないが、それを行うことができるカリキュラムになっているといえる。

（2）教師は学び続ける存在

　学級崩壊、不登校、ネットいじめなど教育現場で起こる問題は、時代ととも

に変化し、教師もそれに対応していく必要がある。しかし、ひとつひとつの問題に対応するような科目を開講しつづけることは教員養成課程において現実的な解決策であるとはいえない。なぜなら教育現場で起こる問題は、固定的ではないため処方箋的な知識や授業方法だけでは対応できないからである。

　ソーシャルメディア時代に対応したメディア・リテラシー教育についても同様のことがいえるだろう。教員免許状を取得するための科目の中にメディア・リテラシーに関する科目が明記されていないとしても、大事なことは、教職課程にある学生が学ぶ姿勢をもち続けてその問題に取り組む力をもつということである。言い換えれば、自分自身が学び続けられるような姿勢を身につけさせることが、高等教育における教員養成の大事な役目であるといえよう。

　では、そもそもの高等教育における授業の方法や内容は現状ではどのようになっているのか以下にみていきたい。

2. 高等教育における教育内容と方法

　加藤幸次は高等教育における教育内容と方法を図8-1のように整理した（加藤　2014）。彼は、高等教育の授業において、学生が学ぶ知識や技能などの「教育内容」と、教え方や学習の仕方などの「教育方法」の2つの軸を示し、それぞれに教員と学生のどちらが主導権（ヘゲモニー）をもって授業を進めるかという観点のマトリックスを提示した。以下それぞれの領域について説明する。

　教員が学習課題の追求の仕方について学生の理解度、すなわち、授業の対象とする学生の能力や適性に配慮し教え方を工夫することや、学生が自分のペースで必要だと思う情報を探してきて、学習課題の追求の仕方について自分なりに工夫することを参加型講義とした。これが領域AとBである。この領域は、専門基礎教育課程と呼ばれ、教員から学生に専門知識を伝達する「従来の知識伝達型講義」や、小グループでの話し合い、ディベート、作業を中心とした「グループ学習＋講義」などがある。参加型講義の特徴としては、「何かが触発されるようなものがある講義」、「自分（学生）なりに考えるきっかけをくれる講

義」、「良い質問ができるように工夫されている講義」、「なぜか、という問いが自然に生まれてくるような講義」であるといえよう。

一方で、学習する課題について、また、学習の仕方について、学生の意思や希望が最大限に入り込んでくる状態を参画型演習とした。具体的には学生が学習課題を選択したり、決めたりして、自分たちが学習したいことを学習するという講義である。もちろん、教師に相談したり、教師からの示唆を受けたりすることがある。また学ぶべき「内容」のみではなく「方法」についても学生が主導権をとることがある。これが領域CとDである。この領域は、専門教育課程と呼ばれ、eラーニングによる学習を行う「マイペース型演習」や、個人である問題を解決する、もしくはあるプロジェクトを達成するといった問題解決の中で学習をすすめる「個人探求型演習」、集団でプロジェクト学習をすす

教育内容		教育方法		
		教員	学生	
教育内容	教員	A	B	**「参加型」講義＝専門基礎教育課程** (1)「講義＋質疑」モデル (2)「アサインメント＋講義」モデル (3)「視聴覚教材＋講義」モデル (4)「グループ学習＋講義」モデル (5)「ダイアローグ型講義」モデル
	学生	C	D	**「参画型」演習＝専門教育課程** (6)「マイペース型演習」モデル (7)「課題選択型演習」モデル (8)「個人探求型演習」モデル (9)「ワークショップ型演習」モデル (10)「自由探求型演習」モデル

（加藤幸次（2014）大学授業のパラダイム転換. 黎明書房. p.66 を筆者一部改変）

図8-1　教育内容と方法のマトリックス

める「ワークショップ型演習」などの講義といえる。参画型講義の特徴としては、「生きる手段、生活、仕事などに関連する講義」「日常の生活、日頃の関心ごとや現代的な問題に結びつけられている講義」であるといえよう。

彼は、従来の講義式の授業に基軸を置きながらも、徐々に、学生たちが学習活動について主導権をとることができる方向に教育内容と方法を変えていくことを提言している。すなわち、マトリックスＡの領域からＢ、次にＢからＣ、さらにＣからＤへとなるように変革することである。これは文部科学省が目指す課題解決型の能動的学修（文部科学省　2012）と一致する。

教職課程をもつ大学のメディア・リテラシー教育は、まさに従来の講義式の授業に基軸を置きながらも、学生たちが学習活動について主導権をとる授業内容が求められる。なぜならば、単に教員から知識をうけとるような従来の知識伝達講義も必要な一方で、学生自身が相手とのやりとりから情報を取捨選択し、自分たちが発信する内容を検討していく過程がメディア・リテラシーの能力と親和性が高いからである。また、他者を意識しながら物事をすすめるという授業は、複雑で動的である。そのため、学生は、自分たちが学習したいことのみを進めていくのみではなく、常にソーシャルメディアの向こう側にいる他者を意識していく必要もある。このように、教員養成におけるメディア・リテラシーに関わる教育は、学生が知識を理解するだけではなく、学生自身がそれを経験し、その意義を理解し実践するような教育内容と方法が求められている。

先述のとおり、教職課程のカリキュラムにおいてメディア・リテラシー教育に関わる具体的な科目が設置されているわけではない。しかし、ソーシャルメディア時代への変化に対応したメディア・リテラシー教育を行うことは重要であるし、その内容は大学ならびに授業を行う教員に委ねられているともいえる。大学の授業自体も課題解決型の能動的学修への変革を迫られる中で教員養成におけるソーシャルメディア時代への変化に対応したメディア・リテラシー教育はどのように行われる可能性があるのだろうか。以下、筆者の授業事例からそれを検討していきたい。

第２節　高等教育における教育内容と方法

3. AR コンテンツを制作する実践事例

（1）実践の概要

　本節では筆者の実践事例を紹介する。事例を通し、授業の課題点を明らかにし、学生の学びへの支援の方法について検討したい。

　先述したとおり、教員免許状を取得するための「教職に関する科目」において、筆者の所属する大学では選択必修科目として「情報教育1」および「情報教育2」が設置されている。2014 年度と 2015 年度に開講されたこれらの授業の目標は以下のとおりである。

　　情報教育1：情報化社会における教育、教授方法を理解、習得し、初等お
　　　　　　　　よび中等教育の教員に求められる資質、スキルを身に付ける。
　　情報教育2：情報化社会における教育のあり方、学習活動を理解、習得し、
　　　　　　　　初等および中等教育の教員に求められる ICT を活用した教
　　　　　　　　授方法を身に付けることができる。

　情報教育1では、主に情報活用能力に対する知識とその理解についてとりあつかう。情報教育2では、情報教育1の授業内容を基にして、教育現場で実際に授業ができるための教授方法を身につけることをねらいとしている。本事例では「情報教育2」について紹介する。この授業は、教育内容を教師が、教育方法を学生がとる「参加型講義（Bタイプ）」である。授業の履修者はそれぞれ 20 名であり、情報教育1を履修した学生であった。

　この授業の具体的なねらいは2つある。ひとつは、これまで授業で得てきた知識を活用し、Augmented Reality（AR: 拡張現実）コンテンツを作成すること。もうひとつは AR コンテンツ制作の過程をとおして、初等中等教育で同じような授業を行う際の教師の指導の留意点を理解することであった。コンテンツは「東京を訪れた外国人に対して、ガイドブックに載っていない観光スポットを伝える」ものであった。

144　　Chapter08　メディア・リテラシー教育を実現させる教員養成

授業の前半 7 回はメディア・リテラシー教育や情報モラルについての講義、フィールドワークを行う際の注意事項である肖像権など地域住民への配慮や著作権などについての講義を行い、後半の 8 回では、3 〜 4 名を 1 つのグループとし、東京を訪れた外国人に対して、ガイドブックに載っていない観光スポットを伝えることを目的として AR コンテンツを制作した。制作のテーマは「外国人観光客に魅力的な場所（東京 23 区外）」であった。各グループ 10 ヵ所以上の情報を収集するように指示した。第 8、9 回目の授業ではグループ決め、AR コンテンツ検討を行った。第 10 〜 12 回目では、各グループがフィールドワークを実施した。フィールドワークが終了したグループからコンテンツ制作を開始した。第 13 回目においてコンテンツ制作を行い、第 14、15 回目では評価と振り返り、改善案・応用コンテンツの検討をした。

　以下に本実践の要となる AR コンテンツ制作とメディア・リテラシー教育とのつながりを述べる。

Augmented Reality（AR: 拡張現実）について

　ICT の発展に伴い、位置情報を含むデジタルコンテンツを容易に制作できるようになった。スマートフォンの多くは Global Positioning System（以下 GPS）が備えつけられ、地図アプリをつかい自分が現在どの場所にいるのか、写真を撮影した場所の位置情報を記録することができ、位置情報を含んだデジタルコンテンツは私達の生活の一部になりつつある。それらのコンテンツは様々な形で利用されている。AR は、まさにその技術であり、位置情報をもつ静止画、動画、音声などをひとつにまとめ、集合的に表示させることができる。この AR を用いた教育実践として例えば、AR を用いた児童用地図学習教材の開発と評価が報告されている（小杉ほか　2012）。

　個々で収集したデータを、位置情報を基にひとつの画面に集合的に表示させることによって、今まで見えなかった読み取りが可能になる。このように高いところから見渡すことができるような情報を示すことによって、地域社会に対する理解をより深めることができると同時に、新しい活動への可能性を見出す

第 3 節　AR コンテンツを制作する実践事例　145

チャンスとなることが期待される。例えば、小学校の総合的な学習の時間において地域の防災マップを作成する際に、それぞれの児童の家の周りの情報を集めて、学区の情報をまとめてマップに表示させることで、避難場所の共有や地域についての理解を深めることにつながるかもしれない。それを保護者にも配信することで、自分の子どもがどこの避難所にいる可能性があるのか、また、家庭で自分達の避難場所について事前に共有できる可能性がある。

　また、学校教育以外の活用方法としては、子育て中の母親がよく利用するお店を地図に表示した時、その特徴として授乳室やベビーカーを置く場所に気づくことができるかもしれない。それがわかれば、子育て中の母親を対象としたビジネスを展開する際には、どの場所を選択すればいいのか、またはどういう場所を設置すればよいかを知ることができる。このように個々のデータを画面上に集合的に表示させひとつのコンテンツを作るということは、その活用方法の新しい展開が期待できる。さらにコンテンツの制作者である学生は、利用相手や目的を意識し、どのような情報をどの程度示すことが良いのかを推敲することになるため、情報の送り手となる責任を認識させることができる。

AR コンテンツ制作とメディア・リテラシー教育のつながり

　AR コンテンツ制作をするためには地域の情報を集めなければならず、そこに実際に情報を集める過程であるフィールドワークが必要になる。また、俯瞰して情報を得るためにはひとつひとつの情報が信頼できるものであること、そして収集した情報を分析できるだけの十分な情報量が必要となる。これには情報活用の力量、及びチームでの取り組みが前提となる。逆にいえば、AR コンテンツの制作を通して、情報の意味と特性、情報の受け手と送り手の双方の立場からの情報収集と発信、そしてチームで他者と協働する意義について学ぶことができるといえる。すなわちメディア・リテラシー教育について考える要素がある。

　AR コンテンツの制作を学生が行うことは、単に彼らに ICT 技術を習得させるだけではなく、どのように活用するのか、誰に使ってもらえるのか、それ

によって何ができるようになるのかなど、様々な視点を含むことに気づかせることにつながる。

(2) 実践の目的と方法

　ARを用いたコンテンツ制作のプロセスには多くの学びの要素が埋め込まれていることが、上野直樹、ソーヤりえこ、茂呂雄二らによって報告されている（上野ら　2014）。本事例では、高等教育における教職課程に在籍する学生がARコンテンツを制作するプロセスをとおし、メディア・リテラシー教育を実践する教師を育てるための教員養成の方法について検討することを目的とした。筆者は授業を実践する教員として関わり、学生の様子を参与観察し、その振り返りのデータを収集した。

ARコンテンツ作成の手順

　ARコンテンツの目的は「東京を訪れた外国人に対して、ガイドブックに載っていない観光スポットを伝える」である。下記の手順でARコンテンツを制作した。

　　手順1：フィールドワークを通して、東京23区内外で個人またはグループで紹介する場所に関するデータを収集させた。

　　手順2：収集した情報からいくつかの観光スポットを選択させ、200文字程度の、丁寧なわかりやすい日本語を用い外国人観光客が理解できる表現で説明させた。その際、日本語の表現方法について指導した。

　　手順3：GPS情報が含まれる動画、写真の情報をExcelのデータに整理させた。関連するウェブサイトがあれば、URLを追加させた。学生の中には、データをfacebookやInstagramなどSNSにアップロードしてデータを持ち込んでいた。その場合、GPS情報が削除されてしまうため、GPS情報がないデータについては、追加させた。

手順4：Excel に整理されたデータを (図8-2)、xml ファイルに変換し
Web サーバーにアップロードした。これは教員側が行った (図8
-3)。

4. 制作する際の課題解決場面と教員の手立て

(1) 学生に AR コンテンツを制作させる際の課題解決場面
①観光スポットの選定

　　学生たちはフィールドワークを行うための観光スポットを選ぼうとした
が、そこで課題に直面した。授業課題が「ガイドブックに載っていない観
光スポット」であったため、複数のガイドブックやインターネットの情報
を収集し、その上で観光スポットとなる場所やお店を検索する必要があっ
た。ガイドブックには東京都の多くの場所が掲載されていることや、そこ
に掲載されていなくともインターネットを検索すると相当な場所がすでに
誰かしらによって紹介されていた。学生たちは、外国人にとって興味深い
観光スポットとはどのようなところか、観光として訪れるに値する場所は
どこか、自分たちが情報を発信する相手が求める内容とは何かを想像し、
限られた時間の中でフィールドワークして、調査できる場所を選ぶといっ
たことに時間を費やした。結果として学生たちが観光スポットとして選ん
だのは、自分たちも訪れてみて楽しいと思える場所や、公園、先輩から教
えてもらった穴場の飲食店や夜景スポットなどであった。
②表現することへの責任

　　調査する観光スポットが決まり、フィールドワークに出かけて取材活動
を行うようになると学生たちは「個人が特定されない写真・映像・文章と
はどういうことか」と疑問をもつようになった。大学の授業の1つとして
AR コンテンツが制作されるとしても、世界中の誰もが見ることのできる
Web に載ることになるため、収集した情報を発信する責任が伴うことに
なる。授業の前半 (1～7回) において個人が特定されないような情報を収

図8-2 エクセルに整理されたコンテンツデータ

図8-3 制作されたARコンテンツ

第4節 制作する際の課題解決場面と教員の手立て | 149

集することへの注意点を、知識としては学んでいたが、学生たちは、実際に情報を収集する状況、言い換えれば情報の発信者側に立つことではじめて「自分ごと」として課題を捉えることになっていた。そしてグループで悩み、フィールドワーク中にも教員である筆者に確認を取り、助言を求めていた。

さらに、観光スポットを紹介するための紹介文についても学生たちは悩むことになった。紹介文はフィールドワーク後に教室で作成していたが、200文字程度で観光スポットを紹介しなければいけないという条件があったため、表現の仕方について何度もグループメンバーや教員に相談していた。例えば、お店の紹介をするにしても、住所や営業日や営業時間などを丁寧に紹介しようとすると、それだけで半分以上の文字数を使用してしまうことになる。本当に伝えたい内容を伝えるにはどのような文章で説明したらいいのか、「限られた文字数の中で説明しなきゃいけないけれど、自分の表現次第でその場所のイメージが決まってしまう」という葛藤を学生は抱え、何度も文章を修正していた。

③法律に関わる情報の扱いについて

フィールドワーク中に学生は、「街並みを撮影する際には、いろんな人の顔が映るがどこまで利用可能なのか」「建物や看板を撮影し、それをコンテンツとして使用することは可能なのか」といった肖像権や著作権に関わる具体的な疑問をもつようになった。法律に関する質問は、前半の講義においても質問が出されていた。筆者は、「まずは自分で著作権法を調べ、自分で対処するように」と指導していた。

ところが、フィールドワーク中に学生が遭遇する事例は、書籍やインターネットに詳細に載っているわけではなかった。それというのも、現状ではSNSやAR技術の発展に法律が追いついていない状態であることから、著作権法第35条の学校その他の教育機関における著作物の複製に関する法律を参照しても、SNSコンテンツやARコンテンツについて詳細な説明があるわけではない。そのためグループ内において自分たちが調査した

場所や施設の説明をする上で、まずは情報収集のプロセスを筆者に報告させたり、集めた情報を受講者全員で共有し内容の確認をしたりすることが必要であった。

④**取材許可を得るプロセスについて**

　学生たちが直面した問題のひとつに、取材許可を得ることがあった。観光スポットをいくつか選び、そこに取材許可を得ようとして学生たちは自分たちのことを説明すると同時に、授業の趣旨、掲載する内容について電話や対面で説明することを求められていた。その過程において「怪しまれないようにするためにはどのように働きかければいいのか」「大学生であることを伝えると怪しまれないのではないか」「大学教員の依頼書のような書面を持っていけばいいのか」のように、どのように取材をするべきかについては各グループで議論していた。筆者は、学生からの依頼があった場合のみ依頼書を作成していたが、その依頼書の内容の原案については学生たちに検討させた。このような情報収集のプロセスにおいて、外部の人との交渉や取材許可を得るためのマナーを学生たちは考えるようになった。

（2）教員の手立て

①**相互参照ができる授業設計**

　コンテンツ制作には、個人やグループによる検討と全体検討を繰り返し行う必要があることが分かった。本事例では「外国人観光客に魅力的な場所、東京 23 区外」というテーマのもと、学生たちが取材先を決定したが、取材先が重なっていたり、その紹介方法がグループごとで統一されていなかったりした。そこで、他のグループがどのような場所を取材し、表現しているかを第 11 回目の授業で共有し、自分たちの制作過程を振り返る機会を設けた。

　本来、個々の学生が制作した AR コンテンツを集め、その後、足りない情報は何か、どういう情報収集をすべきか、どう統一感をもたせるかといったことを受講生全員で内省させ、共通のルールをもたせてから、再度 AR

コンテンツ制作に取り組むというサイクルが必要であろう。

②データ編集の必要性

　ARコンテンツは、スマートフォンやタブレット端末などのモバイル端末で使用されることを前提としていることから、データ容量を考慮する必要があった。筆者（授業者）のねらいの1つとして、コンテンツ制作のプロセスにおいて学生たち自身がデータ容量の問題に気づき、データ編集の必要性に気づくことを期待していた。しかし、学生たちはARコンテンツ作成の際のデータ容量の編集に気づかず、撮影した写真、動画などをそのまま用いていた。その理由として、日常的に使用する携帯端末では、高速通信回線を用いていたり、大学内でも高速無線LAN環境が整備されていたりするため、データ容量への配慮がされにくい環境であったからと考えられる。

（3）学生の振り返りコメント

　ARコンテンツの制作後に学生へ「メディア・リテラシー教育を初等中等教育で行うためにはどうしたらよいか」ということを振り返らせた。主に教室内と教室外における指導を分けて、どのような実践ができるかを検討させた。学生から出されたコメントの一部が表8-1であり、以下の3つの特徴が得られた。

　まず、情報の送り手の視点を得ていたことである。「見てほしい人が誰か明確にする」「作成の目的をはっきりさせ、地域や既習事項に添わせる」のように学生たちは、どのような情報を誰に発信するのかを意識しており、情報の送り手の視点を得ることができていたことがうかがえた。

　次に、児童生徒への指導場面を具体的に想定していたことである。「他のグループが作成したコンテンツを見る時間を設ける」「事前の下調べと場所によっては事前のアポイントをとらせる」などのように、単に情報をまとめるだけではなく、複数の情報を比較させ、その意味と表現方法を指導するような場面も想定していた。

　最後は、主にフィールドワークによる情報収集の留意点である。学生自身が

フィールドワークを通して学んだ内容を指導に活かそうとしていたことがうかがえた。例えば、「歩きスマホ等で視界が散漫にならないよう注意する」「他の利用者がいる際は、迷惑がかからないようにする」などである。撮影している際は対象物に注意が向けられることから、周りの危険性や通行人などへの注意が散漫になる可能性があることへの指導が必要になるだろう。

表 8-1　教室内外における指導

教室内における指導	教室外における指導
・情報モラル（個人情報流失や著作権問題等）の指導をする。 ・電子機器の使用上の注意を行う。 ・学級全体での進度を揃える。 ・作成の目的をはっきりさせ、地域や既習事項に添わせる。 ・見てほしい人が誰か明確にする。 ・著作権や肖像権など情報モラルに気をつけさせる。 ・作成の過程において足並みをそろえる ・情報機器を扱う際の情報モラル（著作権・肖像権等）に対して、個人情報保護などの観点も絡めながら指導する。 ・他のグループが作成したコンテンツを見る時間を設ける。 ・自分が訪れる場所は事前に調査、活動範囲を指定する。 ・GPS情報と地図上の位置があまりずれないように気をつけさせる。 ・画像の高さと幅、画像の形は用途ごとに違うことを意識させる。 ・動画作成の際には動画再生時間はタイトルの近くに配置し、動画は見なくともある程度わかる説明テキスト等をつけるよう指示する。	・事前の下調べと場所によっては事前のアポをとらせる。 ・安全管理と指導（必要な場合引率の手配） ・児童生徒の行先や活動中の班ごとの行動を把握する。 ・行動範囲を絞る。 ・地域でのマナーを守るよう徹底させる。 ・班行動の際の役割分担をさせる。 ・危険のない場所かどうか、班の行動計画と照らし合わせて事前に教師が調査する。 ・班内での役割分担を明確にして，画面を見ながら調査することがないよう気をつけさせる。 ・写真と動画を撮る際の安全管理・指導を行う（歩きスマホをしない・させない）。 ・他の利用者がいる際は、迷惑がかからないようにする。 ・写真・動画に他人を入れない。 ・GPS情報をつけるようにする。 ・しおりを作成するなどを行う。

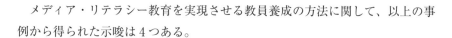
5. メディア・リテラシー教育を実践できる教員養成の授業デザイン

　メディア・リテラシー教育を実現させる教員養成の方法に関して、以上の事例から得られた示唆は4つある。

(1) 参加型授業にすること：協働による問題解決

　第1に、大学の講義を参加型授業に変化させていくことである。ただし、科目によっては従来の知識伝達による授業内容が必要な科目もある。どちらかの方法が良いというのではなく、講義の目的を達成するような内容にしていく必要がある。

　なぜなら、メディア・リテラシー教育に関わる内容は、答えが1つとして決まっているものではないからである。たとえば情報モラルを取り扱う内容では、法律上の整備が現在のICTの進展に追いついていないことがあるため、複数の解釈が行われる可能性がある。そこで、学生たちには複数人でその解釈可能性を検討させるような取り組みが必要であろう。つまり、学生同士の協働によって問題解決を図るような経験をさせるということである。これは図8-1にあるように、教育内容も教育方法も教員が主導する内容から、学び方の教育方法に関しては学生が主導権をもつような授業を展開していくことにもつながるだろう。本事例においても、学生たちがARコンテンツを制作する過程で、彼ら自身が主導権をもち、フィールドワークを行い写真や動画データを収集し、その取り扱いや法律に関わる情報倫理、判断が難しい情報モラルの問題に関してグループごとで議論をしていった。そのように自分以外の他者と直接関わりあうプロセスが、教職課程におけるメディア・リテラシー教育では必要であるといえる。

(2) 学習内容の実践の機会と振り返りを設けること

　第2に、学習内容の実践の機会と振り返りを設けることである。単に知識のみを得たとしても初等中等教育の教育現場に立った際に、その知識を用いて実

践できることにはならない。もちろん経験していることは重要なことであるが「知っていること」と「できること」では大きな差がある。教職課程においてはどれだけ「できること」に近づけさせることができるか、そのような状況を、授業科目を担当する教員が設定できるかが重要である。すなわち、現実に近い本物の状況を設定するような授業を行う必要があるといえる。さらに、学生たちに経験させるだけではなく、その経験を深い理解におとしこんでいくための学習内容の振り返りの機会も設ける必要がある。本章で紹介した授業では2時間分の振り返りの機会を設け、それらを基に、学生自身が授業を展開するにはどのような配慮ができるか、それを踏まえた指導案作成を課題とした。

（3）学び続ける姿勢を育成すること

　第3に、学び続ける姿勢を育成することである。メディア・リテラシーは複合的な能力が重なり合っている（中橋　2014）。そのため、メディア・リテラシーの1つの能力を育てるためには、図8-1の領域Aの授業をすればよい、また別な能力をつけるには領域Bの授業をすればよいというような単純な話ではなくなる。さらに、ソーシャルメディア時代に求められるメディア・リテラシー教育は、新たなソーシャルメディアが登場したら、それに対応する教育をするようでは、イタチごっこになり、教育者が後手にまわるようになってしまう。ソーシャルメディア時代に求められるメディア・リテラシー教育では、学生自身が、常に学び続ける姿勢を育成することが教職課程では何より重要になるといえる。そのための方法のひとつとして、授業の形態を参加型講義や参画型演習にしていくことも必要になるだろう。

（4）大学の授業の境界を越えていくこと

　第4に、大学の授業の境界を越えていくことである。たとえば、本事例では「教職に関する科目」における「情報教育」を紹介したが、今後は「教科に関する科目」との連携をする、つまり高等教育の教員同士が連携を図り、複数の授業内容を関連させるような取り組みが求められていくだろう。もちろん、そ

第5節　メディア・リテラシー教育を実践できる教員養成の授業デザイン　155

れぞれの固有の領域もあるが、重なりあう部分の領域を広げて、その上で、授業実践を行うということだ。なぜなら、私達が置かれているこの現実はますます複雑に重なりあい、個々の領域だけでは対応できない問題が増えているからである。メディア・リテラシー教育が扱う領域はまさにそこである。

　教育現場がかかえる問題は実に複雑であるため、「これさえすれば問題は解決する」というような処方箋的な解決方法はない。だからこそ、上記で示したように授業の「境界の越境」を試みて、すべての領域が同時並行的に現場で起きている問題に関わることが必要なのである。複雑な問題への解決方法は、複雑になるのである。教職課程をもつ大学において、ソーシャルメディア時代に求められるメディア・リテラシー教育は、今後現れる様々な問題に対して処方箋的な解決策を求めるのではなく、上記の認識のもと、教員も学生も常に学びつづける姿勢をもつことが必要であるといえる。

（今野　貴之）

【引用・参考文献】

加藤幸次（2014）『大学授業のパラダイム転換』黎明書房

小杉大輔・手島裕詞・神田明治（2012）「AR を用いた児童用地図学習教材の開発と評価」『日本教育工学会論文誌』36（Suppl），pp.117-120

文部科学省（2012）「大学教育部会の審議のまとめについて（素案）」（2016 年 6 月 30 日取得，http://www.mext.go.jp/b_menu/shingi/chukyo/chukyo4/015/attach/1318247.htm）

中橋　雄（2014）『メディア・リテラシー論』北樹出版

上野直樹・ソーヤりえこ・茂呂雄二（2014）「社会——技術的アレンジメントの再構築としての人工物のデザイン」『認知科学』21（1），pp.173-186

メディア・リテラシー教育に関する教師教育

1. メディア・リテラシーを「教える」ために

　インターネットの登場により、われわれは情報をただ享受するだけでなく、情報を創り出し発信できるようになった。一方でインターネットの発達によって、マナーやモラルに反する行為、犯罪行為といった負の側面への対応も迫られている。子どもたちへのメディア・リテラシー教育の必要性は年々高まっている。しかし、日本のメディア・リテラシー教育は、メディア・リテラシー教育が進んでいるといわれているカナダと比較して、進展しているとは言いがたい。これは、学習指導要領でメディア・リテラシーという文言が取り扱われていないということだけではなく、教師が多忙であることや、教え手である教師自身がメディア・リテラシー教育を受けてこなかったことも要因として挙げられる。このようにメディア・リテラシー教育を発展させるためには教師教育が必須であると考えられる。つまりは現状を把握した上で、教師をいかにメディア・リテラシー教育の担い手として、教育し、トレーニングするか、これからの展望をまとめていく必要がある。そこで本論では、2つの事例研究（佐藤・齋藤・堀田　2014, 2015, 2016）を中核として、メディア・リテラシー教育に関する教師教育の課題と展望について検討する。

2. メディア・リテラシーを「教える」ことの難しさ

　人は、自分がもっている知識や技能を伝達することができる。当然、知識や技能を習得していなければ、伝達はできないし、教えることも不可能である。

例えば、小学校の教師は算数の時間に、教えるべき内容を学習指導要領や教科書で確認し、教材研究をした上で授業をする。それは教師自身が、小学校の時に算数の授業を受け、繰り返し学習したことで知識や技能が身につき、さらに教員養成課程において、算数科指導法などの講義で教え方を習得し、教育実習で授業の練習をする。そうすることで最終的に授業を行うことができるのである。つまり、「教える」とは、（1）教える内容を自分自身が体験したり習得したりしていること、（2）教える内容に適した教え方を知っていること、（3）教えるための練習や教材研究を重ねていること、が少なくとも必要となることが考えられる。

　では、学習者にメディア・リテラシーを育むために「教える」ということを考えてみるとどうだろうか。おそらく現在の小学校の教師の多くは、メディア・リテラシーの授業を体験したことがないだろう。また、教員養成課程において、指導法を習得した教師も少なく、授業実践にはつながりにくいと予想される。実際に、小学校教師4名にメディア・リテラシー教育の学習指導案作成を依頼したところ、メディア・リテラシー教育の学習指導案として成立していないものが作成されており（佐藤　2014：91-92）、この調査からも多くの教師にメディア・リテラシー教育が理解されていないことがうかがえる。

3. 日本のメディア・リテラシー教育

　本節では、教師の授業設計に関わる学習指導要領や教員養成課程ではどのようにメディア・リテラシー教育が取り扱われているか、教材にはどのようなものがあるのか、について述べる。

（1）学習指導要領

　日本でメディア・リテラシー教育が発展しない理由に、学習指導要領で扱われていないということが挙げられる（浅井　2011：1-11）。学習指導要領に掲載されなければ、極端に言えば「授業をしなくてもいい」わけで、授業をしよう

と思ったら、教師は基本的には独学でその内容や方法を学ばなければならない（山内　2003：50）。

　メディア・リテラシーに近接し、重なる領域としては情報教育がある。情報教育は、中橋（2014：98）によれば情報活用能力を育成するための教育であるが、情報教育も多くの教師たちは体験したことがなかったり、ICT 機器の活用と混同したりしている場合が多い。したがって、情報教育からメディア・リテラシーを学ぶ機会も限られていると考えられる。

（2）教 員 養 成

　学習指導要領での取り扱いは、教員養成課程や教職課程における講義科目にも影響を及ぼす。学習指導要領で取り扱われていなければ、メディア・リテラシー教育を教員養成課程で取り扱う必要もなく、山内（2003：49）によれば一部の情報教育や教育方法関連の授業で取り扱われている程度であり、多くの学生はメディア・リテラシー教育の存在すら知らないのである。このような取り扱いであれば、当然教育実習で授業を行うことはないだろうし、教師になってからもメディア・リテラシー教育の存在に気がつくことは少ないだろう。かくいう筆者も、小学校から大学の学部卒業までの間、授業内でメディア・リテラシーという言葉を聞いたことは一度もない。大学では、小学校教員養成課程に在籍していたが、情報教育関連の講義でもメディア・リテラシーの内容は取り扱われていなかった。

（3）教　　　材

　それでも学習指導要領や教科書ではメディア・リテラシーに関わる目標や学習内容、教材は以前に比べると増えてきている印象がある。メディア・リテラシーという言葉は使われてはいなくとも、その必要性は高まっている。

　例えば、光村図書出版（2015）の第４学年国語科の教科書には「アップとルーズで伝える」という単元がある。この単元は国語科の「読むこと」を目標とした単元で、同じ場所からアップで写真を撮影するのか、ルーズで写真を撮影す

るのかの違いによって、送り手の意図が間違って受け取られ、受け手には全く違う印象で情報が伝えられる、ということが説明された文章を読み解くことが目的である。国語科であれば「説明文を読解すること」が目標となるが、メディア・リテラシー教育であれば「メディアからの情報は意図的に構成されていることを理解すること」を目標に設定することができる。

　メディア・リテラシー教育に取り組んでいる教師であれば、各教科等における単元の目標や教材の内容から「この単元ではメディア・リテラシー教育ができそうだ」と考えることができるはずである。「アップとルーズで伝える」の単元であれば、デジタルカメラやタブレット端末を活用して、実際に撮影して説明文に書かれていることを実感するような授業であったり、あるいは撮影した写真を活用して、新聞などを作成し、新聞を読んだ人がどのように情報を受け取ったのかについてアンケートをして、写真の撮影方法一つで情報の意味が変わることを実感するような授業へと広げていくことができるかもしれない。

　しかし、メディア・リテラシー教育の方法について学んできていない教師は「この単元はメディア・リテラシーに関連づけられる単元だから、メディア・リテラシーを学ばせる授業を作っていこう」という発想には至らない。

　したがって、現在の日本におけるメディア・リテラシー教育は厳しい現状にあることには変わりがなく、メディア・リテラシーに関連する教材の普及や授業モデル、授業設計に関するモデルや研修プログラムを開発することは急務であるといえる。

4. カナダのメディア・リテラシー教育

　メディア・リテラシー教育の先進国といわれるカナダのオンタリオ州では、どのような教員養成や教師教育が行われているだろうか。森本（2014：142）によれば、カナダ・オンタリオ州ではメディア・リテラシー教育の授業をするための教員追加資格の取得に、教師たちは約3年間の研修を受ける必要がある。また、トロント大学におけるメディア・リテラシー教員追加資格認定コースで

は、マーシャル・マクルーハンの『メディア論』とメディア・リテラシーの関連についても述べられている。さらに上杉（2008：124）によると、トロント大学のメディア科教師のための専門資格認定コースに関する報告においても、メディア・リテラシーの基本概念、多様なメディア分析、最新のメディア作品レビュー、単元設計実習等のシラバスが組まれているという。このように、カナダではメディア・リテラシー教育を実施する上で必要な教員養成システムと教師教育システムが確立した。そして、マクルーハンのメディア論とメディア・リテラシーの関連について研修で扱われていることを考えると、メディア・リテラシー教育を実践できるようになるためには、メディア論に関する知識や技能が教師に求められていることも理解できる。

　一方で上杉（2002：187-197）によれば、カナダ・オンタリオ州は1987年から英語科においてメディア・リテラシーが必修化されているという。ところが教員養成段階や教員研修ではメディア・リテラシーに関する内容はごくわずかな時間しか当てられていないという事例も報告されている。この事例は森本の前述した事例と矛盾するところがある。つまり、以前からメディア・リテラシー教育の先進国といわれているカナダにおいても、メディア・リテラシー教育を広く普及させることは容易なことではないことがわかる。

5. 教師の授業力量からみたメディア・リテラシー教育

　シュルマン（Shulman, L. S. 1987：1-22）は、教師の資質向上のためのプログラム開発の中で、教師査定を可能にする基準作成のための原案として（1）内容的な知識、（2）一般的な教授方法についての知識、（3）カリキュラムについての知識、（4）内容と教授方法についての知識、（5）学習者と学習者特性についての知識、（6）教育的文脈についての知識、（7）教育的目標・価値とそれらの哲学的・歴史的根拠についての知識、を提案している。そして、これを受けて吉崎（1987：11-17）は、Shulmanが7つの知識カテゴリーのうち、4番目の内容と教授方法についての知識という「複合的」知識を重視していることに注目

し、以下のような7つの教授知識の領域設定を提案している。

1. 教材内容としての知識（領域1）
2. 教授方法についての知識（領域2）
3. 児童生徒についての知識（領域3）
4. 教材内容と教授方法についての知識（領域A）
5. 教材内容と児童生徒についての知識（領域B）
6. 教授方法と児童生徒についての知識（領域C）
7. 教材内容、教授方法、児童生徒についての知識（領域D）

そして、このようなベン図による知識領域が教師教育や教員養成にどのような知識を与えようとしているのかを再検討する手がかりになると解説している。これらをメディア・リテラシー教育に置き換えて考えてみると、領域1は「メディア・リテラシー教育のための教材内容としての知識」、領域2は「メディア・リテラシー教育の教授方法についての知識」、領域3「児童生徒のメディア・リテラシーの把握」となる。さらに池水（2006：130-143）の主張を踏まえると、

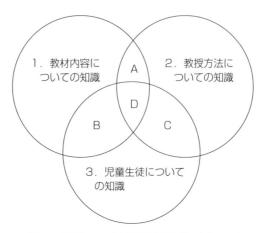

図9-1　授業についての教師の知識領域（吉崎　1987）

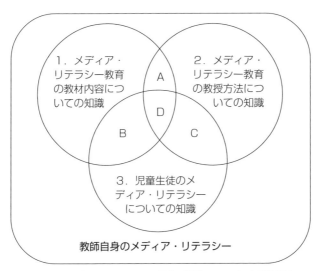

図9-2 メディア・リテラシー教育の授業についての知識領域と
教師自身のメディア・リテラシー（筆者作成）

以上の図のようなモデルがメディア・リテラシー教育の教師教育や教員養成に必要な要素となる。そして、これらを2つに分けるとすれば、1つは「メディア・リテラシー教育における授業内容・教授方法・児童生徒理解」であり、もう1つは「教師自身のメディア・リテラシーの向上」となる。この2つの能力の向上がメディア・リテラシー教育の授業実践を可能とすると考えられる。

6. メディア・リテラシー教育の実践研究

メディア・リテラシー教育ができる教師の力量は、「メディア・リテラシー教育における授業内容・教授方法・児童生徒理解」と「教師自身のメディア・リテラシーの向上」であることが見えてきた。そこで、「メディア・リテラシー教育における授業内容・教授方法・児童生徒理解」を実践的研究Ⅰ（Sato, K., Saito, R. & Horita, T. 2016：382-387）、「教師自身のメディア・リテラシーの向上」を実践的研究Ⅱ（佐藤・齋藤・堀田　2015：29-32）として、2つの事例研究を紹介

する。

　教師がメディア・リテラシー教育の授業を行いたいと思っても、教科書や指導書のようなものは存在しないため、「何をすればいいのか」がわからず、手探りで授業設計をする必要がある。教師がメディア・リテラシー教育の授業設計で「何をしたのか」について探った研究が「実践的研究Ⅰ」である。また、教師が算数の教材研究や授業を行うことで、算数に関する知識や技能等の能力が向上するように、メディア・リテラシーでも算数のように教師の能力は向上するのか。仮に向上しないとすれば、教師はどのように学習すればいいのか。この問いについて答える研究が「実践的研究Ⅱ」である。

　2つの事例研究では、メディア・リテラシー教育の経験がない初心者を前提として、教師歴10年目までの若手教師と、教師歴20年以上のベテラン教師に依頼をしている。木原（1986：1-11）は、放送番組から発展学習づくりのルールを構築する過程の観察から、ベテラン教師は若手教師と比較して、番組の捉え方や発展学習のデザインの方法に多様性がみられたと報告している。この先行研究の結果の傾向を本研究に当てはめて考えてみると、ベテラン教師のメディア・リテラシー教育への意識や理解、さらには教師自身のメディア・リテラシーの変容は若手教師のそれらと比較して多様かつ大きくなるのではないかと予測できる。特にベテラン教師は、メディア・リテラシー教育という観点からは初心者であるという点は若手教師と違いはないものの、教師歴が若手教師と比較して豊富かつ長いことから、その必要性や大切さを暗示的に感じているために、若手教師と同じプログラムを経験したとしても、そこで獲得する学びや成果が大きく多様であることが予測される。

（1）実践的研究Ⅰ　― 教師のメディア・リテラシー教育の授業設計行動の分析 ―

①協力者

　東京都内のＸ小学校およびＹ小学校に勤務する小学校教員8名にメディア・リテラシーの学習指導案作成を依頼した。Ａ〜Ｄ教諭は教師歴10年目未満の

表9-1 若手教師とベテラン教師の性別、教職歴、担当学年

	若手教師				ベテラン教師			
	A教諭	B教諭	C教諭	D教諭	E教諭	F教諭	G教諭	H教諭
性別	男	女	女	男	女	女	男	男
教師歴	3年目	5年目	3年目	8年目	20年目	23年目	33年目	20年目
担当学年	1	2	5	6	3	2	4	6

若手教師 4 名であり、E ～ H 教諭の教師歴 20 年以上のベテラン教師 4 名である。
表9-1に性別、教職歴、担当学年を示す。

②学習指導案作成の作成

　学習指導案には、（1）対象学年、（2）教科・単元、（3）授業の目標、（4）単元設定理由、（5）単元指導計画、（6）評価規準 (教科・メディア・リテラシー)、（7）本時案 の 7 項目を設定し記述することとし、学習指導案フォーマットファイルを協力者へ電子メールを使って配付した。

③配布した専門書

　配布した専門書は、堀田龍也著 (2006)『メディアとのつきあい方学習 (実践編)』と、中橋雄著 (2014)『メディア・リテラシー論 ソーシャルメディア時代のメディア教育』である。

　堀田による『メディアとのつきあい方学習 (実践編)』はメディア・リテラシーの実践事例が紹介されており、教員がすぐに活用できるように書かれていることやメディア・リテラシー実践事例がまとまって書かれているため教員に配布するのに妥当であると判断した。中橋による『メディア・リテラシー論』はメディア・リテラシーの理論的背景や歴史、様々な研究者の定義や取り組みを元に今日の教育現場におけるメディア・リテラシー教育の事例が書かれているため教員に配布するのに妥当であると判断した。

　8 名は 2 冊を参考にしながらメディア・リテラシーを育む授業を構想していった。

④行動記録ノートの分析

　協力者には、学習指導案作成までの授業構想や授業設計に関わった行動について、ノートに行動を記録してもらった。記録については、(1) いつ、(2) 何をしたか、(3) その時何を考えたか、何を感じたか、の3点についてである。記述の量については制限を設けず、上記の3点以外にも気がついたことやまとめたいことなどがあった際には自由に記載するように伝えた。

　また、学習指導案作成のために参照する情報については、専門書以外の書籍やWebページなども参照してもよいこととした。これらの8名の行動記録を時系列に並べて行動回数をカウントした。違う行動を行った場合や同じ行動をしていても日付を変えて記述していた場合は1回としてカウントすることとした。また1回の記述をコーディングしてカテゴリーを生成し、カテゴリーごとの回数と行動総数から割合を算出することとした。コーディングとカテゴリー生成の方法は森 (2012:109) を参考にした。

⑤結果と考察

　a）行動記録ノートの記述のコーディングとカテゴリーの生成

　　　8名の行動記録ノートを時系列表に並べて1回の行動記述からコーディングを行った結果、9つのカテゴリーを生成することができた (表9-2)。

　b）カテゴリーに基づいた行動の傾向

　　　生成したカテゴリーに基づき、8名の行動を分類して割合を算出した。その結果、若手教師よりもベテラン教師のほうが授業設計に費やした行動の回数は少なかった。また、ベテラン教師の方が授業設計に関わる行動は多様だった。具体的には若手教師は表9-2のカテゴリーA〜Eに集中しており、ベテラン教師はカテゴリーA〜Iに分散していた。

表 9-2　授業設計に関する行動カテゴリー

生成されたカテゴリー	カテゴリーの示す行動・状態
A　実践の参照	・専門書に書かれたメディア・リテラシー実践を参照している ・専門書の具体的な実践例について感じたこと、考えたことなどを記述している
B　理論や背景の参照	・メディア・リテラシーの定義や構成要素などを参照している ・メディアの特性やメディアに関わる今日的課題について参照している
C　教科書教材の参照	・学習指導案を作成するために教科書や指導書、教材を参照している ・年間指導計画を確認している
D　学習指導案作成	・授業の構想を行っている ・Microsoft Word で指定されたフォーマットに基づいて学習指導案を作成（書く）している ・書き上げた学習指導案を見直し、修正をしている
E　WEB の参照	・実践や理論を深めるために関連する教科や NIE（Newspaper In Education の略）実践、情報教育実践に関するページを参照している ・学習指導案の作成のために実践や指導計画、評価規準などを WEB で検索している
F　学校場面の想起	・担任するクラスや児童のメディアに関する実態や授業設計において留意する点などについて記述している
G　研修との関連	・学校や行政の研修を通して、授業との関連を考えて記述している
H　社会との関連	・社会のニュース（過去を含む）や出来事とメディアの特性やメディアに関わる今日的課題について参照したり、授業との関連を考えたりして記述している
I　他の書籍の参照	・実践や理論を深めるために関連する教科や NIE 実践、情報教育実践に関するページを参照している ・教育書ではない書籍から、授業との関連性を記述している

（2）実践的研究Ⅱ　─教師のメディア・リテラシーの能力変容に関する研究─

①協力者

　協力者は実践的研究Ⅰと同様である。

②本研究の授業モデルと研究の手続き

　メディア・リテラシー教育を実施したことのない教師は、校内研究や研修等で比較的慣れている授業モデルで実践していくことが望ましいと考えられる。

第 6 節　メディア・リテラシー教育の実践研究　167

また、文部科学省（2010）は「教師や学校にとっては、Plan-Do-Check-ActionのPDCAサイクルを確立することが重要である」とし、近年の教育委員会や校内の研修では、PDCAサイクルを意識した研修が進められ、教師にはある程度定着した手法である。

　吉崎（2012：1-3）が授業改善を目的として提案した「授業デザインを基盤とする授業改善・創造モデル」は「1.授業デザイン」「2.授業実践」「3.授業評価」「4.授業改善創造」からなり、一連の段階を繰り返し経験させることで教師の成長を促す。

　吉崎はこのモデルについて「授業設計（Plan）授業実施（Do）評価（Check）授業改善（Action）というPDCAの一連のサイクルに対応している」と述べている（図9-3）。このことから、本研究の目的に合致するモデルであると判断して採用した。

　このモデルに沿って若手教師のためのメディア・リテラシー教育を検討するならば、今まで知識や技能を十分身につけていない彼らにメディア・リテラシー教育を実践するための知識や技能、教科等にカリキュラムを組み込むための視点が必要となる。このことから、「1.授業デザイン」の前段階に、「0.メディア・リテラシーの授業内容・方法に関する知識の獲得」を吉崎のモデルに加えて実験を行った（図9-3）。具体的に、ここでは知識の獲得を促すために先の専門書（堀田　2006, 中橋　2014）の内容理解を課した。

③材料

　a）質問紙

　　プレテストとポストテストにかけてのメディア・リテラシーに関する意識の変容を検証するため、質問紙としてメディア・リテラシー尺度（後藤2006：267-275）を用いた。この尺度は小学生から大学生を対象として、そのメディア・リテラシーの実態を調査するために開発された尺度であり、教師に対して利用することも十分に妥当であると判断した。メディア・リテラシー尺度は、（1）主体的態度、（2）メディア特性の理解、（3）メディ

ア操作スキル、(4) メディアに対する批判的思考によって構成されている（表9-4の左列を参照）。(1) 主体的態度は、「Web接触」と「主体的態度（テレビ・本・新聞)」で構成され、それぞれ4項目ずつ質問した (4件法)。(2) メディア特性の理解は、4つのメディア（本、テレビ、新聞、Web）に対する速報性と信頼性、嗜好性、簡便性についての一対比較を設定した。例えば、図書＞テレビ、図書＞新聞、図書＞Web、テレビ＞新聞、テレビ＞Web、新聞＞Web というようなデータが得られた場合、結果には上位である図

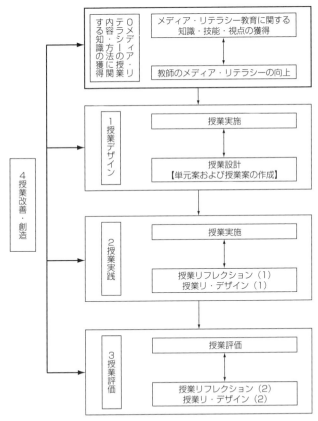

図9-3 メディア・リテラシー教育を対象とした授業デザインを基盤とする授業改善・創造モデル（筆者が吉崎（2014:1-3）を参考にして作成）

第6節 メディア・リテラシー教育の実践研究　169

書のみを示す。（3）メディア操作スキルは 7 項目（4 件法）、（4）メディアに対する批判的思考は、傾向性 Web(4 件法)と傾向性マスコミュニケーション（5 件法）、知識 Web 上のコミュニケーション（記述 4 点満点）、技能（記述 4 点満点）で構成されている。

④結果と考察

　a）質問紙調査の結果

　　　プレテストからポストテストにかけて得点の変容が確認された。若手教師の結果を表 9-3、ベテラン教師の結果を表 9-4 に示す。その結果、若手教師よりもベテラン教師の方が、変容が多様であった。

（3）総合的考察

　実践的研究Ⅰでは、ベテラン教師は若手教師に比べ、授業設計に関わる行動は多岐にわたり、そして行動も若手教師よりも少ない回数で授業設計を行っていた。つまり、ベテラン教師は若手教師よりも多様な視点で効率的に授業設計を行っているということがいえるだろう。ルンデベルク ＆ ファーヴァー（Lundeberg & Fawver 1994 : 289-297）は、ひとつの授業事例に対する初任者教師と経験者教師の差は、(1) 柔軟性、(2) 多様な視点、(3) 理論と実践の統合、(4) 深淵と兼ね合い、にあったことを報告している。また、木原（1986 : 1-11）の研究からみても、本研究の結果は若手教師とベテラン教師の差について納得がいくものである。

　また、実践的研究Ⅱでは、若手教師もベテラン教師もメディア・リテラシーに関する意識に変容がみられた。特にベテラン教師は若手教師と比較した場合、メディア・リテラシーに関する意識の変容は多岐にわたっていたことが明らかになった。また、質問紙調査の結果をみると、若手教師は Web、ベテラン教師は新聞を選択する傾向にあると考えられる。これらは教師が日常接触しているメディアや世代によるメディア選択の傾向が関連している可能性があり、メディア・リテラシーの習得は世代や経験値によって異なることが考えられる。

表9-3　若手教師に対する質問紙調査の結果

			教師A		教師B		教師C		教師D	
			プレテスト	ポストテスト	プレテスト	ポストテスト	プレテスト	ポストテスト	プレテスト	ポストテスト
主体的態度	Web接触		3.50	3.75	2.75	3.00	3.25	3.75	3.50	4.00
	主体的態度	テレビ	2.50	2.50	2.00	2.50	3.00	3.75	2.75	3.50
		本	2.25	2.25	1.75	2.00	1.75	2.25	2.50	2.50
		新聞	1.00	1.00	1.00	1.00	1.50	1.50	1.00	1.00
メディア特性の理解	速報性		Web	Web	Web	Web	新聞	Web	新聞・Web	Web
	信頼性		本・新聞	本	新聞	本	新聞	新聞	本	本
	嗜好性		Web	Web	Web	Web	Web	Web	Web	Web
	簡便性		Web	テレビ	Web	テレビ	Web	Web	Web	Web
メディア操作スキル			3.14	3.14	3.14	3.71	3.57	3.57	3.71	3.71
メディアに対する批判的思考	傾向性	web	2.50	2.67	2.17	2.50	2.33	3.00	2.50	2.67
		マスコミュニケーション	4.55	4.64	4.00	4.23	3.91	4.27	4.50	5.00
	知識(Web上のコミュニケーション)		2	3	4	4	3	4	2	3
	技能		3	3	4	4	3	4	3	3

網掛けは変容が確認された項目を示す。

表9-4　ベテラン教師に対する質問紙調査の結果

			教師E		教師F		教師G		教師H	
			プレテスト	ポストテスト	プレテスト	ポストテスト	プレテスト	ポストテスト	プレテスト	ポストテスト
主体的態度	Web接触		2.50	3.25	2.75	3.00	3.00	3.25	2.75	3.25
	主体的態度	テレビ	2.75	3.00	2.75	2.75	2.25	2.50	2.75	3.00
		本	3.25	3.50	2.75	3.00	2.50	2.75	2.50	2.75
		新聞	3.00	3.25	3.50	4.00	3.75	3.75	3.25	3.50
メディア特性の理解	速報性		新聞	Web	新聞	Web	新聞	Web	新聞	Web
	信頼性		新聞	本	新聞	本	新聞	新聞	新聞	本
	嗜好性		新聞	新聞	新聞	Web	本	Web	本	本
	簡便性		テレビ	Web	テレビ	テレビ	テレビ	テレビ	テレビ	Web
メディア操作スキル			2.57	2.86	2.16	3.16	3.00	3.14	3.28	3.28
メディアに対する批判的思考	傾向性	web	2.50	2.83	2.17	2.50	2.66	3.00	2.66	2.66
		マスコミュニケーション	4.09	4.72	4.00	4.45	3.81	4.36	3.67	4.00
	知識(Web上のコミュニケーション)		2	3	3	4	3	4	2	3
	技能		2	3	2	3	3	4	3	4

網掛けは変容が確認された項目を示す。

　ただし、本研究はあくまでも事例報告研究であるために、本研究で実施された授業実践・リフレクションにより教師のメディア・リテラシーの意識が変容したのかどうかについては過度な一般化を避けなければならない。そこで今後の研究では、本研究で示したモデルの効果の確からしさを主張することを目的として、実験条件の比較として統制条件、あるいは対照条件を設定し人数を十分に確保したうえでその効果の検証を進めていく必要があろう。

　本研究の結果から、若手教師とベテラン教師には、それぞれ違うモデルを提

示する必要があるといえるだろう。例えば、ベテラン教師に対しては授業設計をするためのリソースを複数提示し、その中から教師の授業観にあったものを選択してもらう方法が考えられる。一方で若手教師に対しては、多様な視点で効率よく授業設計を行えるようにするモデルが必要である。

7. 今後の展望

　これまで挙げてきた問題を踏まえて学習指導要領や教員養成、教員研修にメディア・リテラシー教育が位置づけば、ある一定の割合で教師はメディア・リテラシーの必要性を認知し、それなりに実践されるであろう。

　しかし、小柳（2010：353-361）は、日本の情報教育が抱える困難性と課題を検討する中、「『情報教育に対する教師の意識改革』といったスローガンがいわれればいわれるほど、教師が情報教育の存在意味を検討する機会をかえって意識できなくさせられていくことはないだろうか」と危惧している。また、「『○○のために、情報教育がある。○○のために情報教育を行う』という点に関心が向けられた時、道具的存在にしか見られず、かえって不安が生じにくくなり、自分にとってその意味を考える存在として情報教育が位置づけられなければ、『役に立つのはわかるが、別にそんなことしなくても、同じようなことはできる。もっと大事なことに時間を使いたい』となるだろう」と述べている。メディア・リテラシー教育は、関連学会等で情報教育に比較的近い立場で語られている。そのため、メディア・リテラシー教育も、情報教育と同様の課題を抱えることになると考えられる。教師や学生が心からその必要性を納得し、可能性への確信を引き出せるメディア・リテラシー教育に関する教師教育のあり方も検討していく必要があると考える。

（佐藤　和紀）

【引用・参考文献】

浅井和行（2011）「新学習指導要領におけるメディア・リテラシー教育の要素分析」『京都教育大学教育実践研究紀要』

後藤康志（2006）『メディア・リテラシーの発達と構造に関する研究』新潟大学現代社会文化研究科博士論文

堀田龍也（2006）『メディアとのつきあい方学習（実践編）』ジャストシステム

池水円佳（2007）「メディアとメディア・リテラシー ——メディア・リテラシー教育はどうあるべきか」『応用倫理・哲学論集』東京大学大学院人文社会系研究科哲学研究室

木原俊行（1996）「放送番組からの発展学習の設計に関する研究：若手教師と経験教師の比較を通じて」『教育メディア研究』3（1）

木原俊行（2004）『授業研究と教師の成長』日本文教出版

Lundeberg, M. A. & Fawver, J. E. (1994) "Thinking like a Teacher, Encouraging Cognitive Growth in Case Analysis". J. of Teacher Education 45

光村図書出版（2015）『小学校第四学年国語科教科書 国語 四下　かがやき』光村図書出版

文部科学省（2010）「中央教育審議会 児童生徒の学習評価の在り方について（報告）」（2016年6月8日取得，http://www.mext.go.jp/b_menu/shingi/chukyo/chukyo3/004/gaiyou/attacch/1292216.htm）

森　玲奈（2012）「質的調査法」清水康敬・中山実・向後千春編『教育工学選書3　教育工学研究の方法』ミネルヴァ書房

森本洋介（2014）『メディア・リテラシー教育における「批判的」な思考力の育成』東信堂

中橋　雄（2014）『メディア・リテラシー論』北樹出版

日本放送協会（2012）「学校放送番組 メディアのめ」（2016年6月8日取得、http://www.nhk.or.jp/sougou/media/）

小柳和喜雄（2010）『教師の情報活用能力育成政策に関する研究』風間書房

佐藤和紀・堀田龍也（2014）「メディア・リテラシー教育の初心者教員による授業設計に関する分析の試み」『日本教育工学会第30回大会講演論文集』

佐藤和紀・齋藤　玲・堀田龍也（2015）「授業実践・リフレクションによる初心者教師のメディア・リテラシーに対する意識の変容」『日本教育工学会論誌』40（Suppl.）

Sato, K., Saito, R. & Horita, T. (2016) "The Effects of the Program with the Developing PDCA Cycle on a School Lesson toward Changing an Awareness of Media Literacy for a Beginner Teacher : Comparing Young Teachers and Experienced Teachers," *International Conference for Media in Education ICoME 2016*

Shulman, L. S. (1987) "Knowledge and Teaching Foundation of the New Reform."

Harvard Educational Review, 57（1）

上杉嘉見（2002）「カナダ・オンタリオ州におけるメディア・リテラシーの教師教育」『教育方法学研究』28

―――（2008）『カナダのメディア・リテラシー教育』明石書店

山内祐平（2003）『デジタル社会のリテラシー』岩波書店

吉崎静夫（1987）「授業研究と教師教育（1）―― 教師の知識研究を媒介として ――」『教育方法学研究』13

吉崎静夫（2012）「教育工学としての授業研究」水越敏行・吉崎静夫・木原俊行・田口真奈編『教育工学選書6　授業研究と教育工学』ミネルヴァ書房

事 項 索 引

あ　行

相手意識　77, 93
アクティブ・ラーニング　97, 131
アップとルーズ　95, 117
アフォーダンス　137
「Eスクエア・プロジェクト」　106
位置情報　145
一斉視聴　106
イメージマップ　97
インストラクショナルデザイン　5, 32, 55
インターネット　14, 88, 124, 157
インターフェース　126, 131, 137
映像活用能力　105
映像視聴能力　90, 105
映像情報　111, 117
映像制作能力　105
送り手の責任　98

か　行

学習意欲　57
学習観　53
学習環境　4, 5
学習指導要領　70, 89, 157
学習目標　58, 62
課題解決　143
価値観　3, 15, 18
学校教育　31
学校放送　104
学校放送番組　105
活字メディア　105
カリキュラム　5, 28, 72, 86, 118, 139, 140
キー・コンピテンシー　35, 41
記号論　36
疑似体験　125
技術的合理性　31, 45, 50
既読スルー　18
規範　18

ギャップ分析　55
キュレーションサイト　25
教育課程　86
教育工学　55
教育実践　4
教育内容　5, 141
教育の情報化ビジョン　113, 121
教育方法　5, 141
教員養成　5, 139, 159
教科書　89, 104
教科「情報」　89
教材　4, 28
教師教育　4, 5, 157
教授知識　162
共同体　39
口コミサイト　13
クラウド　122
クリエイティブ・ライブラリー　107
クリップ　107
クリティカル　90
形成的評価　73
研究開発学校　86
言語活動　99
言語ゲーム　35
言語情報　111, 117
言語論理教育　118
研修　28
合意形成　17
効果音　83
広告収入　21, 25
公衆送信権　21
構成主義　30, 50
構成主義心理学　56
構成要素　4
高等教育　139
行動主義心理学　56
国際協力　49
コスト効果　56
「こねっとプラン」　106

個別視聴　106

誤報　28

コミュニケーション（能）力　3, 35

コミュニティ　17

さ　行

参加型講義　141

参画型演習　142

識字　3

ジグソー学習　97

資質・能力　35

視聴覚教育　42

実証主義　31, 45

実物投影機　109

シニフィアン　36

シニフィエ　36

市民ジャーナリスト　28

シャトルカード　62

授業改善　168

授業観　172

授業支援ソフト　116

授業設計　5, 164, 170

授業方法　62

肖像権　21, 83, 150

情報安全教育　27

情報活用能力　144, 159

情報教育　159

情報産業　13

情報モラル　99, 145

情報モラル教育　27, 122

シンキングツール　97

身体性　124

信憑性　21, 26, 28

心理的な距離　15

スマートフォン　3, 14, 122, 152

制作者の意図　98

正統的周辺参加　39

総合的な学習の時間　89

ソーシャルメディア
　3, 13, 28, 44, 65, 88, 100, 103, 124, 141

ソフト　104

た　行

「体験！　メディアのABC」　105

大衆文化　89

大衆文化批判　12

大福帳　62

タブレット　3, 22, 99, 106, 112, 118, 121, 122, 152

知識基盤社会　30

著作権　20, 21, 95, 145, 150

「伝える極意」　105

デジタル教科書　111, 121

デジタル教材　125

デジタルテレビ　109

電子黒板　109

動画共有サイト　13, 20

な・は　行

21世紀型スキル　41

21世紀型能力　35

ニュースサイト　13, 22

認知主義心理学　56

ネットワーク型コミュニケーション　13

能動的学修　139, 143

パーソナルコミュニケーション　13

パーソナルメディア　54

ハード　104

発信者としての責任　95

パフォーマンス評価　76

反転学習　57

反転授業　57

「100校プロジェクト」　106

評価規準　86, 167

評価方法　58, 62

表現の自由　23

フィールドワーク　145

プログラム学習教材　56

プロジェクト学習　41, 45, 46

文化研究　12

ヘゲモニー　141

ベテラン教師　164

放送教育　42

ポータルサイト　23
ポートフォリオ評価　76

ま　行

マスコミュニケーション　13
マスメディア　28, 30, 42, 54, 65, 88, 103, 119, 124
ミニブログ　13
民主主義　12
無料通話アプリ　18
メディア　3, 42
メディア遊び　46
メディアキッズ　106
メディア・コミュニケーション科　70
「メディアのめ」　105
メディア・リテラシー　3, 12, 155
目的意識　93
文字の技術　27
モデル実践　28
ものの見方・考え方　15
問題解決　35, 41, 154

や・ら・わ行

ユニバーサルデザイン　135
ライフスタイル　3, 15
リフレクション　171
若手教師　164

ADDIE モデル　32, 45, 46, 56
ARCS 動機づけモデル　57
AR コンテンツ　152
Augmented Reality　144
CGM　24
e-learning　63, 121
GPS　145
ICT　104
ICT 教育　121
IRE（initiation-response-evaluation）　33
LMS　64, 66
MOOC　64
NHK for School　107
NHK 学校放送番組　19
NHK デジタルアーカイブス　107
NIE　167
SNS　13, 16, 27, 98, 122

人 名 索 引

ヴィトゲンシュタイン　36
上杉嘉見　161
上野直樹　147
ウェンガー　39
エンゲストローム　39
オング　27
ガーゲン　36,50
ガニェ　59
川床　43
木原俊行　164,170
グッドマン　36
ケラー　57
シュルマン　161
ショーン　50
ソーヤりえこ　147
ソシュール　36
中橋雄　165

滑川道夫　104
ファーヴァー　170
藤岡完治　104
ベンヤミン　43
堀田龍也　165
マクルーハン　43, 161
マスターマン　12
水越伸　105
メーガー　58
森本洋介　160
茂呂雄二　147
吉田貞介　105
リーサー　63
リッツァ, J.　32
ベルク　170
レイブ　39
レオンチェフ　39

【執筆者紹介】 (執筆順)

中橋　雄（なかはし　ゆう）（編者、第1章）
武蔵大学社会学部メディア社会学科教授
主要業績：『メディア・リテラシー論—ソーシャルメディア時代のメディア教育』北樹出版、2014年（単著）、『メディアプロデュースの世界』北樹出版、2014年（共編著）など

久保田　賢一（くぼた　けんいち）（第2章）
関西大学総合情報学部教授
主要業績：『日本の教育をどうデザインするか』東信堂、2016年（分担執筆）、『大学教育をデザインする—構成主義に基づいた教育実践』晃洋書房、2012年（編著）、『ICT教育のデザイン』日本文教出版、2008年（編著）など

鈴木　克明（すずき　かつあき）（第3章）
熊本大学大学院教授システム学専攻教授
主要業績：『研修設計マニュアル』北大路書房、2015年（単著）、『インストラクショナルデザインの道具箱101』北大路書房、2016年（監修）

浅井　和行（あさい　かずゆき）（第4章）
京都教育大学副学長・大学院連合教職実践研究科長、教授
主要業績：『教師コミュニケーション力』明治図書、2012年（共著）、『ケータイ社会と子どもの未来』メディアイランド、2009年（共著）など

佐藤　幸江（さとうゆきえ）（第5章）
金沢星稜大学人間科学部こども学科教授
主要業績：『フィンランドの教育—教育システム・教師・学校・授業・メディア教育から読み解く』フォーラム・A、2016年（分担執筆）、『タブレット端末で実現する協働的な学び——xSync—シンクロする思考』フォーラム・A、2014年（共編著）

中川　一史（なかがわ　ひとし）（第6章）
放送大学教授
主要業績：『小学校国語　情報・メディアに着目した授業をつくる』光村図書出版、2015年（監修）、『タブレット端末を活用した21世紀型コミュニケーション力の育成』フォーラム・A、2015年（共編著）など

川瀬　基寛（かわせ　もとひろ）（第7章）

十文字学園女子大学人間生活学部メディアコミュニケーション学科准教授

主要業績：「教師用の避難経路指示シミュレータシステム構築におけるインターフェースデザインの検討」社会情報論叢、2013年（単著）、「大学での教育活動におけるSNSの利用可能性―Facebookを活用したゼミ活動における個別指導と情報共有を事例として―」社会情報論叢、2014年（単著）、「次世代HDMを利用した学習用3Dアーカイブ空間の開発と評価(2)―学習要件としての「文字読解」と「リアルタイムコミュニケーション」―」2015年、十文字学園女子大学人間生活学部紀要（共著）など

今野　貴之（こんの　たかゆき）（第8章）

明星大学教育学部教育学科助教

主要業績：『メディアと表現』学文社、2014年（共著）、『高等教育におけるつながり・協働する学習環境デザイン―大学生の能動的な学びを 支援するソーシャルメディアの活用』晃洋書房、2013年（共著）

佐藤　和紀（さとう　かずのり）（第9章）

東京都杉並区立高井戸東小学校主任教諭

東北大学大学院情報科学研究科博士課程

主要業績：「授業実践・リフレクションによる初心者教師のメディア・リテラシーに対する意識の変容」日本教育工学会論文誌 Vol.39、2015年（共著）、「動画共有サイトへの作品公開に関する議論の学習効果―映像制作実践で育まれるメディア・リテラシー」教育メディア研究 Vol.21、2014年（共著）など

メディア・リテラシー教育──ソーシャルメディア時代の実践と学び

2017年3月31日　初版第1刷発行

編著者　中橋　　雄

発行者　木村　哲也

印刷　新灯印刷／製本　新里製本

発行所　株式
　　　　会社　北樹出版

〒153-0061　東京都目黒区中目黒1-2-6
URL : http://www.hokuju.jp
電話(03)3715-1525(代表)　FAX(03)5720-1488

© 2017, Printed in Japan　　　　ISBN 978-4-7793-0531-3
(落丁・乱丁の場合はお取り替えします)